Rund um
szenisches Spielen

Kopiervorlagen für den Deutschunterricht

Herausgegeben von
Ute Fenske

Erarbeitet von
Elke Aigner-Haberstroh, Veronika Amm,
Sabine Matthäus und Christian Rühle

Redaktion: Dirk Held, Berlin
Bildrecherche: Angelika Wagener

Illustrationen: Sylvia Graupner, Annaberg
Umschlaggestaltung: Katrin Nehm
Technische Umsetzung: Manuela Mantey-Frempong, Berlin

www.cornelsen.de

Dieses Werk berücksichtigt die Regeln der reformierten Rechtschreibung und Zeichensetzung.
Bei den mit $\boxed{R}$ gekennzeichneten Texten haben die Rechteinhaber einer Anpassung widersprochen.

1. Auflage, 2. Druck 2010

Druck: H. Heenemann, Berlin

ISBN 978-3-464-60392-5

 Inhalt gedruckt auf säurefreiem Papier aus nachhaltiger Forstwirtschaft.

Inhaltsverzeichnis

Vor dem Spiel

Mimik und Gestik

Ein Spiel

Wissenswertes

Lesen und Vortragen

Vorwort und methodische Hinweise

Szenisches Spielen und szenisches Interpretieren bieten die Möglichkeit, analytische und handlungsorientierte Verfahren im Unterricht zu verbinden. Hinter beiden Methoden steht ein ganzheitlicher, auf die Verbindung von Kognition und Emotion ausgerichteter Ansatz. Über die verschiedenen Formen des Spielens und Darstellens können die Schülerinnen und Schüler ihre eigenen Erfahrungen und Erlebnisse einbringen und sich einen emotionalen Zugang zu den Lerngegenständen verschaffen.

Der Begriff „szenisches Spielen" im Titel des Heftes ist bewusst weit gefasst, weil die Kopiervorlagen in „Rund um szenisches Spielen" sowohl Anregungen und Anleitungen zum Improvisieren oder zum Spielen kleiner Szenen als auch für das szenische Interpretieren im eigentlichen Sinn geben.

Die Kopiervorlagen sind so aufgebaut, dass die Anleitungen an die Schülerinnen und Schüler gerichtet sind und in der Regel von ihnen selbstständig ausgeführt werden können. Die Lehrerin oder der Lehrer kann sich auf eine Rolle als Spielleiter und Regisseur beschränken, den Schülerinnen und Schülern Raum für eigene Erfahrungen lassen und nur hilfestellend eingreifen. Der Schwerpunkt der Arbeit mit den Kopiervorlagen soll auf dem eigenen Spiel, dem Vortragen von Texten, dem Erproben von Rollen, der Darstellung von kleinen Szenen liegen. Auf oft spielerische Weise wird den Schülerinnen und Schülern aber auch nötiges Wissen vermittelt, so erfahren sie z.B., was Mimik und Gestik bedeuten und wie man gezielt mit der eigenen Stimme arbeiten kann. Vermittelt werden auch Grundtechniken wie das Bauen eines Standbilds oder das Schreiben von Rollenbiografien. Ein kleines Glossar fasst das Wesentliche am Ende des Heftes noch einmal kurz zusammen.

Die Kopiervorlagen bieten Anregungen für alle Jahrgangsstufen von Klasse 5 bis 10. Die Arbeitsblätter können unabhängig voneinander eingesetzt, aber auch zu kleineren Unterrichtsreihen zusammengestellt werden, z.B. zum Thema „Mimik und Gestik".

Vorhang auf – das Spiel beginnt!

Jede Theaterprobe oder Spielrunde solltet ihr mit einem Ritual (= einer bestimmten, immer wiederkehrenden Handlung) eröffnen. Ein Beispiel für so ein Ritual ist das Öffnen eines Theatervorhangs.

Aufgaben

1. Öffnet einen Theatervorhang. Geht so vor:
   - Stellt euch im Kreis auf.
   - Stellt euch vor, ihr hebt alle gleichzeitig einen schweren Vorhang hoch.
   - Hebt den Vorhang über eure Köpfe und legt ihn hinter euch ab.
   - Klatscht zum Schluss alle in die Hände.

2. Überlegt euch gemeinsam weitere Rituale oder Aufwärmübungen, mit denen ihr eure Proben oder Spielrunden beginnen könnt. Schreibt eure Ideen auf.

Blickkontakte

3. Lest die Tipps zum Spielbeginn. Überlegt gemeinsam, wie ihr euch noch auf das Spiel vorbereiten könnt, und notiert Stichworte.

TIPPs zum Spielbeginn:
- Zieht euch – wenn möglich – bequeme Kleidung an.
- Legt euren Schmuck ab, dann fällt es euch leichter, in eine andere Rolle hineinzuschlüpfen.

Ballübungen und Klatschrunden

Die Ballübungen und die Klatschrunde schulen deine Wahrnehmung und deine Konzentrationsfähigkeit.

1. Macht eine Ballübung. Geht so vor:
   - Stellt euch im Kreis auf.
   - Werft euch einen kleineren, weichen Ball zu. Merkt euch dabei, von wem ihr den Ball bekommt und an wen ihr den Ball weitergebt.
   - In der zweiten Runde werft ihr euch den Ball in der gleichen Reihenfolge zu und erhöht das Tempo.
   - In der dritten Runde werft ihr euch den Ball zu und macht dabei ein Geräusch.

2. Wie kannst du die Ballübung noch variieren?
   Notiere verschiedene Möglichkeiten in Stichworten.

   _____

   _____

   _____

3. Erkläre den Ablauf einer deiner Ballübungen aus Aufgabe 2 genauer.
   Schreibe dazu einen zusammenhängenden Text im Präsens (= Gegenwart) und verwende zur Beschreibung des Spielablaufs zum Beispiel die folgenden Wörter:

zuerst, dann, danach, anschließend, zum Schluss

   _____

   _____

   _____

   _____

   _____

   _____

4. Führt eine Klatschrunde durch. Geht so vor:
   - Stellt euch im Kreis auf.
   - Ein Spieler gibt ein bestimmtes Klatschen vor.
     Der im Uhrzeigersinn folgende Spieler wiederholt das Klatschen.
   - In der zweiten Runde gibt der nächste Spieler ein bestimmtes Klatschen vor.
     Er kann z. B. das Tempo erhöhen, mehrmals klatschen, einen bestimmten Klatschrhythmus vorgeben, sein Klatschen mit einem Geräusch oder einer Bewegung verbinden.
   - In der dritten Runde gibt der Dritte ein neues Klatschen vor usw.

Gedankenketten

Die Gedankenkette regt deine Fantasie an und trainiert deine Fähigkeit, schnell und spontan zu reagieren. Im Theater spricht man, wenn etwas nicht einstudiert ist, sondern aus der Situation heraus entsteht, von Improvisation.

Gedankenkette
1. Ein Spieler nennt ein Wort. Im Uhrzeigersinn nennt jeder weitere Spieler ein Wort, das ihm zu dem Wort seines Vorgängers einfällt:
Eis – kalt – Winter – Schneemann – Möhre – Hase …

2. Ein Spieler nennt ein Wort. Im Uhrzeigersinn nennt jeder Spieler ein Wort, das ihm zu dem Wort des ersten Spielers einfällt:
Räuber – Wald – Räuberbande – Höhle – Überfälle – Beute …

Aufgaben

1. Bilde Gedankenketten, bei denen sich alle Wörter auf das jeweils vorangehende Wort beziehen.

Sonne – _____

_____

Freizeit – _____

_____

Theater – _____

_____

2. Bilde Gedankenketten, bei denen sich alle Wörter auf das erste Wort beziehen.

Liebe – _____

_____

Verrat – _____

_____

Schönheit – _____

_____

Pantomimen

Die folgenden Übungen bereiten dich auf das mimische und gestische Spiel vor. Mit „Mimik" bezeichnet man den Gesichtsausdruck, mit „Gestik" den Ausdruck, den du durch Körperhaltung und -bewegung erzeugst. Wenn beim Theaterspiel ganz auf Sprache verzichtet wird, spricht man von Pantomime.

Aufgaben

1. Packt Geschenke aus. Geht so vor:
   - Stellt euch im Kreis auf.
   - Der erste Spieler hebt eine unsichtbare schwere Kiste vom Boden auf und gibt sie dem Spieler rechts von sich.
   - Der Spieler packt die Kiste aus und zeigt pantomimisch, welchen Gegenstand er auspackt.
   - Dann packt er den Gegenstand wieder in die Kiste und gibt sie weiter.
   - Nun packt der nächste Spieler die Kiste aus. Aber Achtung: Der Inhalt der Kiste hat sich verändert. Es muss also ein anderer Gegenstand dargestellt werden.
   - Dann ist der dritte Spieler an der Reihe usw.

2. Denke dir einen Gegenstand aus und lasse eine Partnerin oder einen Partner raten, was du darstellst. Tauscht die Rollen, wenn der Gegenstand erraten ist.

3. Führt zu zweit Spiegelübungen durch. Geht so vor:
   - Stellt euch einander gegenüber.
   - Ein Spieler ist der Spiegel. Er macht die Bewegungen fast gleichzeitig nach, die der andere vormacht.
   - Wechselt nach einer gewissen Zeit die Rollen.

4. Stellt die folgenden Gefühle pantomimisch dar. Bittet eine Partnerin oder einen Partner, eure Darstellung zu beurteilen und euch mit Tipps zu helfen. Tauscht anschließend die Rollen.

> Wut, Mitgefühl, Liebe, Hass, Reue, Müdigkeit, Freude

Laufübungen

Mit den folgenden Laufübungen kannst du dich vor dem Spiel aufwärmen und deine Aufmerksamkeit schulen.

Aufgaben

1. Führt ein Laufspiel mit Geschwindigkeitswechseln durch. Geht so vor:
   - Legt verschiedene Laufgeschwindigkeiten fest: 1 = ganz langsam
     - 2 = Spaziergängerschritt
     - 3 = etwas schneller
     - 4 = schnell
     - 5 = sehr schnell (aber nicht rennen!)
   - Schreibt die Geschwindigkeiten an die Tafel.
   - Lauft kreuz und quer durch den Raum. Keiner spricht. Keiner berührt den anderen.
   - Der Spielleiter (die Lehrerin oder der Lehrer) nennt in Abständen eine der Zahlen von 1 bis 5. Die ganze Gruppe läuft dann in dem vorgegebenen Tempo.

2. Macht eine Laufübung zu verschiedenen Fortbewegungsarten. Geht so vor:
   - Lauft durch den Raum.
   - Der Spielleiter (die Lehrerin oder der Lehrer) nennt in Abständen verschiedene Fortbewegungsarten, die ihr umsetzen sollt.

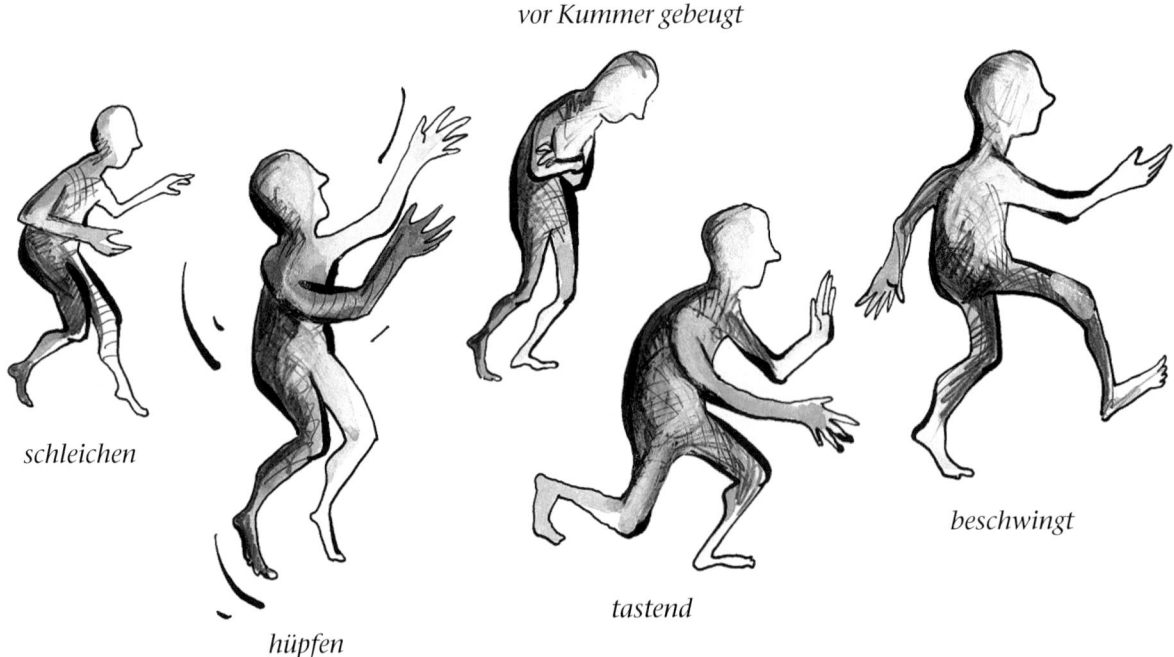

vor Kummer gebeugt

schleichen

hüpfen

tastend

beschwingt

3. Spielt „versteinerte Gespenster". Geht so vor:
   - Stellt euch alle kreuz und quer im Raum auf. Ihr seid Gespenster, die mitten in einem wilden Tanz zu Stein erstarrt sind.
   - Ein Spieler geht mit verbundenen Augen durch den Raum. Er darf dabei kein Gespenst berühren.
   - Immer wenn der Spieler einem Gespenst zu nahe kommt, macht dieses ein gruseliges Geräusch, zum Beispiel ein Zischen oder ein Klappern.
   - Wenn der Spieler ein Gespenst berührt, beginnt das Spiel von vorn.
   - Dieses Mal werden dem berührten Gespenst die Augen verbunden.

Zungenbrecher

Zungenbrecher eignen sich gut zum Warmmachen der Stimme. Wenn du, ohne zu holpern, einen Zungenbrecher aufsagen kannst, fällt dir das Aufsagen anderer Texte nicht mehr so schwer.

Wenn Fliegen hinter Fliegen fliegen,
fliegen Fliegen hinter Fliegen her.

*Der Cottbusser Postkutscher putzt
den Cottbusser Postkutschkasten.*

Blaukraut bleibt Blaukraut
und Brautkleid bleibt Brautkleid.

Fischers Fritze fischt
frische Fische,
frische Fische fischt
Fischers Fritze.

*Der dicke Dackel sagt
zum dünnen Dackel:
„Deck deinen dummen Dackeldeckel
auf deinen dicken Dackelkopf."*

Fünf flinke Fische fischten
fünf flinken Finken
fünf flinke Fliegen fort.

Zehn zahme Ziegen zogen
zehn Zentner Zucker zum Zoo.

*Zwischen zwei Zwetschgenzweigen
sitzen zwei zwitschernde Schwalben.*

*Wir Wiener Waschweiber würden weiße Wäsche waschen,
wenn wir wüssten, wo weiches, warmes Wasser wäre.*

Hinter Hermann Hansens Haus
hängen hundert Hemden raus.
Hundert Hemden hängen raus
hinter Hermann Hansens Haus.

Schneiderschere
schneidet scharf,
scharf schneidet
Schneiderschere.

**Ein Quatschkopf
quatscht Quatsch.
Quatsch quatscht
ein Quatschkopf.**

Zweiundzwanzig zierliche Zwerge
zwicken zwei zweckige, zwackige,
zappelige Zwickelkrebse.

*Schwarze Borstenbürsten bürsten besser,
als weiße Borstenbürsten bürsten.*

**Sechshundertsechsundsechzig Schock
sächsische Schuhzwecken.**

Wenn Robben hinter
Robben robben,
robben Robben
Robben hinterher.

Aufgabe

1. Übt die Zungenbrecher fehlerlos zu sprechen. Geht so vor:
   • Setzt euch in den Stuhlkreis.
   • Sprecht die Zungenbrecher der Reihe nach möglichst ohne Fehler.
   • Erhöht in der zweiten Runde das Sprechtempo.
   • Betont die Zungenbrecher in der dritten Runde anders, zum Beispiel leise, geflüstert, laut usw.
   • Begleitet die Zungenbrecher in der vierten Runde mit einer passenden Mimik und Gestik.

Vokalübungen

Vor allem die Vokale bringen unsere Sprache zum Klingen. Professionelle Schauspieler bereiten sich daher auf ihren Auftritt mit besonderen Vokalübungen vor. Ein paar dieser Übungen kannst du hier selbst ausprobieren.

Aufgaben

1. Lies die Texte auf den Seiten 12 und 13 zuerst leise.

2. Notiere neben den Texten, welche Buchstaben und Buchstabenwechsel geübt werden.

Was hallt am Waldbach da?
Jagdklang schallt nah: Trara!

*

Und durch zukunftsdunklen Mund
Wurde Brutus' Schuld nun kund:
„Glut und Blut trugst du zum Bunde –
Dulden musst du nun zur Stund',
Und der Fluch schuf Blut und Wunde!"

*

Unter dunklen Uferulmen
Wurdest du – (durch Blut und Wunden
Ungefurcht und unbesudelt) –
Ruhmlos ruhend nun gefunden.
Unten fuhr durch blum'ge Fluren,
Lustvoll, munter, mutdurchdrungen,
Uns'rer Jugend Blum' und Muster,
Zukunftstrunken – ruhmumschlungen!
„Musstest du nun ruhn, um stumpf
Uns'res Unmuts Sturm zu rufen?
Du – des Ungunst Mut uns schuf,
Und uns trug zu Ruhmes Stufen! …

Schneebedeckte, feste Erde –
Lenzgeweckte erste Herde!
Ceres! Segenspendende –
Ew'ge, Verderbenwendende!
Sende den West dem Meere entgegen,
Spende der Erde schwellenden Segen,
Lechzender Herde den quellenden Regen!

*

Über der Wüste düstere Gründe
Führet die zürnenden Brüder vorüber;
Schüsse grüßen herüber, hinüber,
Künden die Führer der dürstenden Züge.
Sündiges Wüten, mit Flüchen verbündet,
Kürzen – wie trüg'risch – die Mühen der Wüste;
Drüben erst grüßen sie Frühlingslüfte,
Küssen trüb flüsternd die Düfte der Blüten!

Fortsetzung auf Seite 13

Fortsetzung von Seite 12　　　　　　　　　**Vokalübungen**

Wüste Lücken, trübe Gründe,
Düst're, grüngeschmückte Schlünde
Müssen kühn wir überbrücken –
Blüt' wie Früchte rühmlich pflücken.

*

Wüsst' ich, wie stündlich dies schüfe ihr Glück,
Würd' ich's mit bündigen Schwüren ihr künden!

*

Wer höhnt roh, wer stört so
Des Mönchs Wort?
Den schnöd Gold betört hold,
Der stört dort des Mönchs Wort!

*

Klöster krönen öde Höhen;
Hör' der Mönche Chöre tönen:
„Göttlich schön erlöst Versöhnen,
Böse mögen's schnöd verhöhnen …"

*

Polternd tobet Donners Rollen,
Sollte Gott wohl zornvoll grollen?
Opfertod! O wolle kommen,
Noch lohnt Gottes Sohn
Hoch vom Wolkenthron,
Sorg' und Not, o Trost der Frommen!

*

Welch schlecht berechtigtes Vermächtnis
Erwächst dem schwächlichen Gedächtnis!

*

Verächtlich schlecht der Knecht sich rächte,
Der nächtlich nächst dem Pächter zechte.

*

Fächer, Bänder, Festgepränge,
Selbstverständlich Männerschwärme!
Fächelnd, lächelnd längs den Sälen
Schwärmt verächtliches Gedränge.

Aufgaben

3. Trainiere nun deine Aussprache, indem du
   die Texte mehrmals laut vorträgst.

4. Schreibe selbst ähnliche Übungstexte.
   Du kannst entweder einen Vokal, den Wechsel zwischen zwei Vokalen
   oder auch einen Konsonanten in den Mittelpunkt deiner Texte stellen.

13

Die Stimme auf der Bühne

Mit ihrer Stimme können Schauspielerinnen und Schauspieler ihre Gefühle ausdrücken. Du kannst also am Klang der Stimme und an der Betonung des Textes erkennen, wie eine Bühnenfigur sich fühlt.

Aufgaben

1. Betone den folgenden Satz einmal fröhlich, einmal mutig, einmal ängstlich und einmal lustlos.

   Morgen fahren wir mit der Geisterbahn.

   Frage eine Partnerin oder einen Partner, ob deutlich wird, welche Stimmung du ausdrücken willst.

2. Notiere, wie dein Satz aus Aufgabe 1 klingen muss, damit deutlich wird, welches Gefühl gemeint ist.

Der Sprecher spricht:	Die Stimme klingt:
fröhlich	
mutig	
ängstlich	
lustlos	

3. Sprich den Satz nun noch einmal und halte dich dabei an deine Notizen aus Aufgabe 2.

Das sprechende Gesicht

Wir verständigen uns mit unserer Sprache, aber oft verstehen wir erst durch den Gesichtsausdruck, was mit dem Gesagten wirklich gemeint ist.

Aufgaben

1. Sieh dir die erste Bilderreihe genau an. Welche Gefühle werden mimisch dargestellt? Notiere.

   1. Bild: _____   2. Bild: _____   3. Bild: _____

   4. Bild: _____   5. Bild: _____

2. Versucht in Kleingruppen die Sätze so auszusprechen, dass sie zu dem jeweiligen Gesichtsausdruck passen.

3. Besprecht in euren Gruppen, warum ihr den Satz so und nicht anders ausgesprochen habt.

4. Schreibe einen eigenen kurzen Satz in die Sprechblasen. Die Bedeutung des Satzes soll sich je nach Gesichtsausdruck verändern.

5. Lies deinen Satz aus Aufgabe 4 mit der jeweils passenden Betonung vor.

Der sprechende Körper

1. Schneidet die Kärtchen aus und verteilt sie in der Klasse.
   a) Jeder probiert nun vor der Klasse, die abgebildete Körperhaltung einzunehmen
      und einen passenden Satz dazu zu sagen.
   b) Diskutiert nach jeder Darstellung, ob Körperhaltung und Satz zusammengepasst haben.

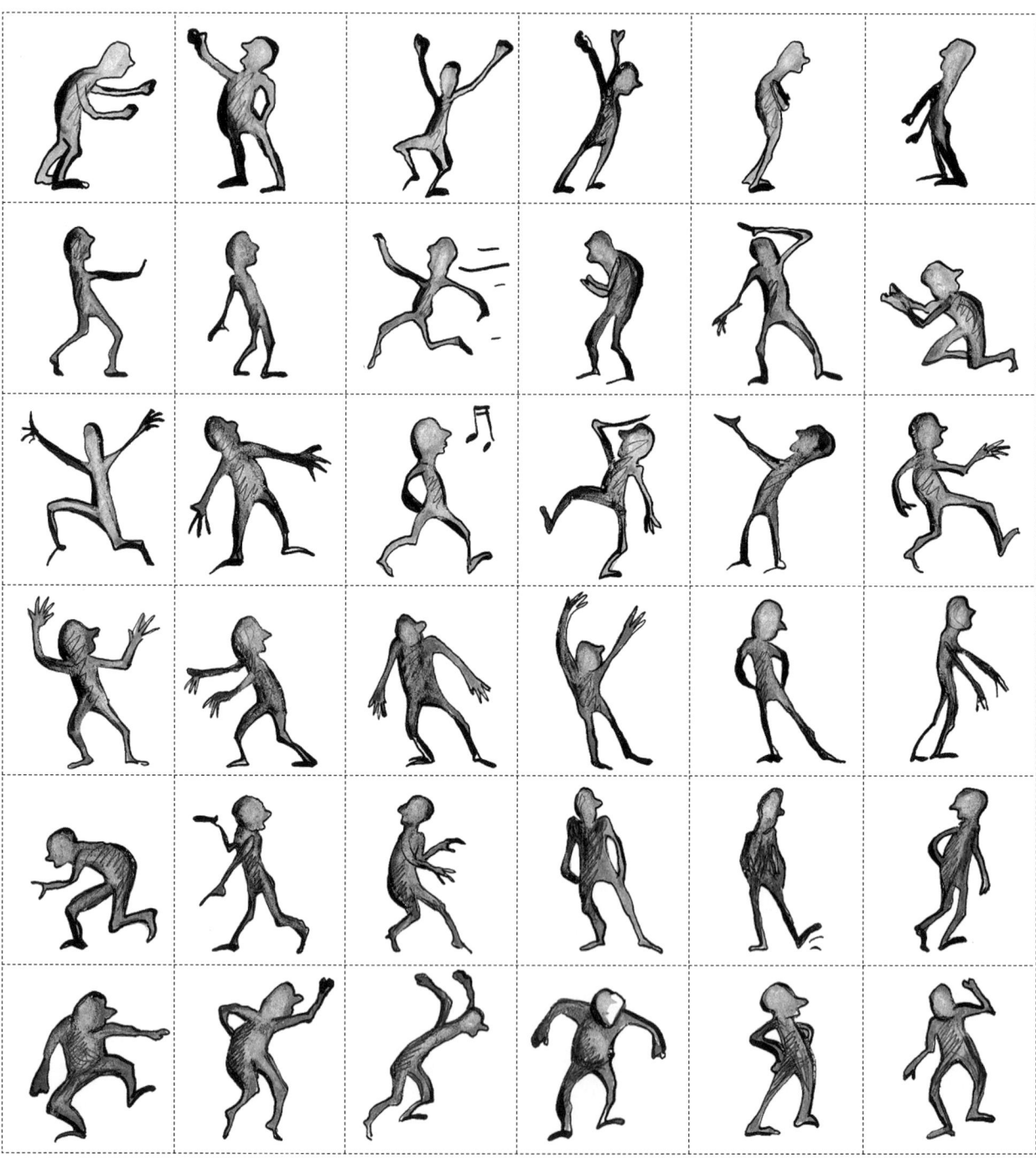

Mimik und Gestik untersuchen

Sicher warst du schon einmal im Theater und hast bemerkt, dass neben der Stimme auch die Mimik (der Gesichtsaus-
druck) und die Gestik (die Körperhaltung und Bewegung) der Schauspieler eine große Rolle spielen.

Aufgaben

1. Beschreibe die Mimik des Mädchens mit passenden Adjektiven.

    Erstes Bild: _____

    Zweites Bild: _____

2. Welche Gedanken könnten dem Mädchen durch den Kopf gehen? Schreibe in die Gedankenblasen.

3. Beschreibe die Gestik des Mädchens in ganzen Sätzen.

    Erstes Bild: _____

    _____

    Zweites Bild: _____

    _____

17

Fortsetzung auf Seite 18

An der Mimik eines Menschen kannst du erkennen, wie er sich fühlt und was er denkt.

Aufgaben

4. Zeichne Gesichter, die zu den Denkblasen passen.

5. Denke dir drei weitere Gefühle aus. Schreibe sie in die Denkblasen und zeichne jeweils
    das passende Gesicht dazu.

6. Setzt euch in einen Kreis und versucht reihum, ein bestimmtes Gefühl nur mit Hilfe eurer Mimik
    darzustellen. Die anderen raten, welches Gefühl gemeint ist.

Fortsetzung auf Seite 19

Aufgaben

7. Drücke die Gefühle, die du in den Aufgaben 4 und 5 gezeichnet hast, durch deine Körperhaltung und deine Bewegungen aus. Notiere dir dafür zuerst, wie die Körperhaltungen und die Bewegungen aussehen könnten.

Gefühle	Verhalten
traurig	*langsam, gebeugt laufen …*

8. Stelle die folgenden Begriffe mimisch und gestisch vor der Klasse dar.

> Entschlossenheit, Ablehnung, Zuneigung, Hilfsbedürftigkeit, Müdigkeit

Großes Theater

Aus der großen Zahl von Theaterstücken werden einige auf deutschen Theaterbühnen immer wieder aufgeführt. Dazu gehören Dramen von Shakespeare, Lessing und Schiller.

Szene aus „Romeo und Julia" von William Shakespeare

Szene aus „Nathan der Weise" von Gotthold Ephraim Lessing

Szene aus „Die Räuber" von Friedrich Schiller

20

Fortsetzung auf Seite 21

Großes Theater

Aufgaben

1. Beschreibe die Mimik der Schauspieler mit passenden Adjektiven.

   Erstes Bild: _____

   _____

   Zweites Bild (linker Schauspieler): _____

   Zweites Bild (rechter Schauspieler): _____

   Drittes Bild (linker Schauspieler): _____

   Drittes Bild (rechter Schauspieler): _____

2. Beschreibe die Gestik der Schauspieler jeweils in einem ganzen Satz.

   Zweites Bild (linker Schauspieler): _____

   _____

   Zweites Bild (rechter Schauspieler): _____

   _____

   Drittes Bild (linker Schauspieler): _____

   _____

   Drittes Bild (rechter Schauspieler): _____

   _____

3. In welchem Verhältnis stehen die Figuren zueinander? Wie verhalten sie sich?
   Begründe deine Antwort mit Hilfe von Mimik und Gestik.

   Erstes Bild: _____

   _____

   _____

   _____

   Zweites Bild: _____

   _____

   _____

   _____

   Drittes Bild: _____

   _____

   _____

21

Schauspieler-Casting – ein Brettspiel

In diesem Spiel geht es darum, schauspielerische Fähigkeiten unter Beweis zu stellen und ein Schauspieler-Casting zu gewinnen.

Vorbereitung
- Bevor ihr mit dem Spiel beginnt, müsst ihr die beiden Teile des Spielplans (Seite 23 und 24) aneinanderkleben. Am besten klebt ihr den Spielplan auf eine feste Pappe.
- Lest euch die Aktionskarten (Seite 25) durch und schreibt selbst viele weitere Aktionskarten. Am besten klebt ihr die Aktionskarten zuerst auf Pappe und schneidet sie anschließend aus.

Spielanleitung
Das Spiel ist für 2 bis 6 Mitspieler geeignet.

Ihr benötigt:
- einen Setzstein für jeden Spieler
- einen Würfel
- Applauspunkte (zum Beispiel Streichhölzer oder Knöpfe)

- Jeder Spieler erhält drei Applauspunkte.
- Stapelt die Aktionskarten neben dem Spielbrett.
- Alle Spieler stellen ihre Spielsteine auf „START".
- Würfelt aus, wer anfangen darf. Anschließend wird reihum gewürfelt.
- Die Setzsteine werden um die gewürfelte Augenzahl vorgezogen.
- Kommt ein Spieler auf ein beschriftetes Feld, muss er die geforderte Aktion ausführen.
- Kommt ein Spieler auf ein Zahlen-Feld, muss er die entsprechende Ereignis-Aufgabe (Seite 26) lösen.
- Kommt ein Spieler auf ein Feld mit Theaterbühne, muss er eine Aktionskarte ziehen und die geforderte Aktion vorführen.
- Wenn der Spieler die Aktion richtig vorführt, erhält er einen Applauspunkt.
- Wenn die Mitspieler bestimmte Darstellungen erraten müssen, bekommt der Spieler dann einen Applauspunkt, wenn richtig geraten wurde.
- Wird ein Mitspieler benötigt, erhält auch dieser einen Punkt.
- Das Spiel endet, wenn der erste Spieler mit genauer Augenzahl das Feld „ZIEL" erreicht.
- Zum Schluss werden die Applauspunkte gezählt. Sieger des Schauspieler-Castings ist, wer die meisten Applauspunkte hat.

Viel Spaß!

22

Fortsetzung auf Seite 23

Schauspieler-Casting – ein Brettspiel

Erster Teil des Spielbretts

START		1.			
		4.			
Mimik: Mache ein entschlossenes Gesicht. Kassiere dafür einen Applauspunkt!		5.			
			8.		
Mimik: Mache ein entsetztes Gesicht. Kassiere dafür einen Applauspunkt!	9.				
Stelle dar, wie du schallend über etwas lachst, und kassiere einen Applauspunkt!		**12.**			
	13.				
16. **ZIEL**			**Gestik:** Zeige: „Komm her". Kassiere dafür einen Applauspunkt!		

Fortsetzung auf Seite 24

Schauspieler-Casting – ein Brettspiel

Zweiter Teil des Spielbretts

Mimik: Mache ein trauriges Gesicht. Kassiere dafür einen Applauspunkt! →	→	**2.** →	→	→	↓
←	←	←	**3.** Mimik: Mache ein fröhliches Gesicht. Kassiere dafür einen Applauspunkt! ←	←	←
→	**6.** →	→	→	→	↓
←	**7.** ←	←	←	←	←
Stelle dar, wie du dich über etwas ärgerst, und kassiere dafür einen Applauspunkt! →	**10.** →	→	→	→	↓
←	Stelle dar, wie du jemanden zu etwas überreden willst, und kassiere einen Applauspunkt! ←	←	**11.** ←	←	←
→	**14.** →	→	Mimik: Mache ein ängstliches Gesicht, kassiere dafür einen Applauspunkt! →	→	↓
←	←	Mimik: Mache ein wütendes Gesicht, kassiere dafür einen Applauspunkt! ←	**15.** ←	←	←

24

Fortsetzung auf Seite 25

Schauspieler-Casting – ein Brettspiel

Stelle pantomimisch dar und lasse die anderen raten: **„Ich möchte nichts mehr essen, mir ist schlecht."**	Stelle pantomimisch dar und lasse die anderen raten: **„Gib mir etwas zu trinken, ich habe Durst."**	Stelle pantomimisch dar und lasse die anderen raten: **„Ich habe Kopfschmerzen."**
Stelle pantomimisch dar und lasse die anderen raten: **„Herr Ober, ich möchte zahlen."**	Stelle pantomimisch dar und lasse die anderen raten: **„Ich bin erschöpft, ich kann nicht mehr."**	Stelle pantomimisch dar und lasse die anderen raten: **„Ein Kartenspiel mischen und die Karten austeilen."**
Stelle pantomimisch dar und lasse die anderen raten: **„Ein Klavierstück spielen."**	Stelle diesen Beruf pantomimisch dar und lasse die anderen raten: **„Erzieherin"**	Stelle diesen Beruf pantomimisch dar und lasse die anderen raten: **„Schornsteinfeger"**
Suche dir einen Partner. Stellt pantomimisch dar und lasst die anderen raten: **„Einen Streit um einen Gegenstand."**	Suche dir einen Partner. Stellt pantomimisch dar und lasst die anderen raten: **„Eine herzliche Begrüßung."**	Suche dir einen Partner. Stellt pantomimisch dar und lasst die anderen raten: **„Einen schmerzlichen Abschied."**
Suche dir einen Partner. Stellt pantomimisch dar und lasst die anderen raten: **„Einen Zahnarztbesuch."**	Suche dir einen Partner. Stellt pantomimisch dar und lasst die anderen raten: **„Einen Schüler an der Tafel und daneben einen Lehrer, der Aufgaben stellt."**	Suche dir einen Partner. Stellt pantomimisch dar und lasst die anderen raten: **„Zu zweit einen Drachen steigen lassen."**
Suche dir einen Partner. Spielt aus dem Stegreif: **„Zu spät kommen."**	Suche dir einen Partner. Spielt aus dem Stegreif: **„Das ist gerade noch einmal gut gegangen!"**	Suche dir einen Partner. Spielt aus dem Stegreif: **„Einen Bankraub."**
Suche dir einen Partner. Spielt aus dem Stegreif: **„Eine Szene aus dem Märchen Rotkäppchen."**	Suche dir einen Partner. Spielt aus dem Stegreif: **„Eine Szene aus dem Märchen Der Wolf und die sieben Geißlein."**	Suche dir einen Partner. Spielt aus dem Stegreif: **„Eine Szene aus dem Märchen Schneewittchen."**
Spiele folgende Szene: **„Eine Frau/ein Mann erreicht gerade noch so den Zug."**	Spiele folgende Szene: **„Du stolperst über eine Bananenschale."**	Spiele folgende Szene: **„Du telefonierst mit jemandem, der dir etwas sehr Ärgerliches mitteilt."**

Fortsetzung auf Seite 26

Ereignisse

1. Du sollst zur ersten Leseprobe in das Theater kommen. Dabei bist du so aufgeregt, dass du beim Lesen stotterst. Setze eine Runde aus.

2. Du liest deinen Text mit besonders guter Betonung. Würfle ein weiteres Mal.

3. Es gibt Streit um die Besetzung einer Rolle. Neben dir gibt es noch einen anderen Schauspieler, der die Rolle gerne hätte. Setze zwei Runden aus, bis die Angelegenheit geklärt ist.

4. Heute bist du besonders heiser. Singe die erste Strophe eines dir bekannten Liedes, damit die Stimme langsam wiederkommt. Dafür erhältst du einen Applauspunkt.

5. Du musst deine Stimme trainieren. Schicke einen Mitspieler aus dem Raum. Sprich nun so laut zu ihm, dass er es vor der Tür hören kann. Wenn er deine Worte wiederholen kann, erhältst du einen Applauspunkt.

6. Ihr macht bei den Proben eine Pause. Du bist so erschöpft, dass du nicht bemerkst, dass es weitergeht. Setze eine Runde aus.

7. Du hast dein Textbuch vergessen. Gib einen Applauspunkt ab und gehe zurück auf „START".

8. Bei der ersten Probe ohne Text bleibst du an einer Stelle stecken und weißt nicht mehr weiter. Gehe vier Felder zurück.

9. Du vergisst, dass heute zum ersten Mal in Kostümen geprobt werden soll, und gehst in Jeans auf die Bühne. Gehe sechs Felder zurück und gib einen Applauspunkt ab.

10. Du soufflierst einem Mitspieler, der seinen Text vergessen hat. Kassiere dafür zwei Applauspunkte.

11. Bei der ersten Probe mit Requisiten wirfst du ein Glas herunter. Du musst ein Kehrblech holen. Setze eine Runde aus.

12. Deine Mimik ist nicht überzeugend genug. Gib einen Applauspunkt ab und ziehe ein paar Grimassen, um deine Gesichtsmuskulatur zu lockern. Wenn du das nicht möchtest, musst du einen weiteren Applauspunkt abgeben.

13. Du musst deine Szene dreimal wiederholen, weil der Beleuchter es nicht schafft, dich mit dem Lichtkegel einzufangen. Als Entschädigung erhältst du zwei Applauspunkte.

14. Die letzte Probe vor der Aufführung; der Regisseur ist sehr gestresst, alle Schauspieler sind angespannt. Kassiere als Aufmunterung einen Applauspunkt!

15. Generalprobe: Alles klappt gut, der Regisseur ist zufrieden mit dem Theaterensemble. Aber du hast trotzdem großes Lampenfieber vor der Premiere. Setze eine Runde aus, um dich zu beruhigen, kassiere aber einen Applauspunkt.

16. Die Premiere ist ein großer Erfolg: Das Publikum applaudiert begeistert. Kassiere fünf Applauspunkte!

Standbilder

Ihr könnt bestimmte Szenen, aber auch ganze Texte auf der Bühne durch ein Standbild darstellen. Einer oder auch mehrere Darsteller nehmen dazu eine einzige „eingefrorene" Körperhaltung ein.

Aufgaben

1. Lies den Text.

Heimkehr

Ich bin zurückgekehrt, ich habe den Flur durch-
schritten und blicke mich um. Es ist meines Vaters
alter Hof. Die Pfütze in der Mitte. Altes, unbrauch-
bares Gerät, ineinander verfahren, verstellt den Weg
5 zur Bodentreppe. Die Katze lauert auf dem Geländer.
Ein zerrissenes Tuch, einmal im Spiel um eine Stange
gewunden, hebt sich im Wind. Ich bin angekommen. Wer wird mich empfangen? Wer wartet hinter
der Tür der Küche? Rauch kommt aus dem Schorn-
10 stein, der Kaffee zum Abendessen wird gekocht. Ist
dir heimlich, fühlst du dich zu Hause? Ich weiß es
nicht, ich bin sehr unsicher. Meines Vaters Haus ist
es, aber kalt steht Stück neben Stück, als wäre jedes
mit seinen eigenen Angelegenheiten beschäftigt, die
15 ich teils vergessen habe, teils niemals kannte. Was
kann ich ihnen nützen, was bin ich ihnen und sei ich

auch des Vaters, des alten Landwirts Sohn. Und ich
wage nicht an der Küchentüre zu klopfen, nur von
der Ferne horche ich, nur von der Ferne horche ich
stehend, nicht so, dass ich als Horcher überrascht 20
werden könnte. Und weil ich von der Ferne horche,
erhorche ich nichts, nur einen leichten Uhrenschlag
höre ich oder glaube ihn vielleicht nur zu hören,
herüber aus den Kindertagen. Was sonst in der Küche geschieht, ist das Geheimnis der dort Sitzenden, 25
das sie vor mir wahren. Je länger man vor der Tür
zögert, desto fremder wird man. Wie wäre es, wenn
jetzt jemand die Tür öffnete und mich etwas fragte.
Wäre ich dann nicht selbst wie einer, der sein Geheimnis wahren will.   30

Franz Kafka

2. Notiere deine ersten Gedanken zum Text. Worum geht es in dieser Geschichte?

_____

_____

_____

3. Markiere Textstellen, die dir dabei helfen können, ein Standbild zum Thema „Heimkehr" zu formen.

27

Fortsetzung auf Seite 28

Standbilder

Aufgabe

4. Notiere die Textstellen aus Aufgabe 3 in der linken Spalte und trage jeweils ein,
   was der Ich-Erzähler in diesem Moment fühlt, denkt, hört usw.
   Achtung: Du musst nicht immer alle Spalten ausfüllen.

Ich frage mich …	*Bin ich willkommen?*					
Ich fühle …	*Verunsicherung.*					
Ich sehe …	*den Hof des Vaters.*					
Ich höre …						
Ich denke …	*Was erwartet mich?*					
Notiere Textstellen, auf die du dich beziehst:	*„Ich bin zurück- gekehrt […] und blicke mich um."*					

Fortsetzung auf Seite 29

Aufgaben

5. Baut nun ein Standbild. Geht so vor:
   a) Bereitet den Bau des Standbilds vor.
      - Teilt euch in kleine Gruppen mit vier bis fünf Spielern auf.
      - Überlegt, wie ihr den Heimkehrer in einem Standbild darstellen könnt.
        Wie könntet ihr seine Gefühle und Gedanken zusammenfassen?
      - Macht euch Gedanken zu Mimik und Gestik der Figur.
      - Teilt euch in den einzelnen Gruppen auf in Darsteller, Bildhauer, Reporter und Zuschauer.
   b) Der Bildhauer formt einen oder auch mehrere Darsteller so lange, bis das Standbild
      den gemeinsamen Vorüberlegungen entspricht.
   c) Der Reporter befragt nun abschließend das Standbild:
      „Wer bist du? Was denkst du? Was fühlst du?"

6. Schreibt weitere Fragen auf, die der Reporter dem Standbild stellen könnte.

7. Formuliert einen Satz, den euer Standbild sprechen soll.
   Der Satz muss zur Situation des Heimkehrers passen.

29

Das Regiespiel – ein Comic als Theaterstück

Fortsetzung auf Seite 31

Das Regiespiel – ein Comic als Theaterstück

Aufgaben

1. Beschreibe den Inhalt der Bilder jeweils in einem kurzen Satz.

   Bild 1: _____

   _____

   Bild 2: _____

   _____

   Bild 3: _____

   _____

   Bild 4: _____

   _____

   Bild 5: _____

   _____

   Bild 6: _____

   _____

   Bild 7: _____

   _____

   Bild 8: _____

   _____

2. Vergleicht eure Beschreibungen aus Aufgabe 1 in der Gruppe und einigt euch auf die treffendsten Formulierungen.

3. Spielt das Regiespiel. Geht so vor:
   - Ernennt für jedes Bild einen Regisseur und einen Regieassistenten.
   - Die beiden Regisseure, die für das erste Bild zuständig sind, nehmen auf ihren Regiestühlen Platz. (Das müssen keine echten Regiestühle sein. Nehmt zum Beispiel eure Stühle und hängt ein Tuch darüber.)
   - Der Regisseur liest den Satz zu seinem Bild laut vor.
   - Dann sagen die beiden Regisseure genau, was sie für die Umsetzung der Szene brauchen, zum Beispiel die Anzahl der Schauspieler und bestimmte Gegenstände (= Requisiten).
   - Die Regisseure wählen nun gemeinsam Schauspielerinnen und Schauspieler aus und verteilen die Rollen.
   - Die Spieler gehen auf die Bühne und stellen die Szene als Standbild dar.
   - Die Regisseure dürfen Mimik, Gestik und Haltung der Spieler korrigieren.
   - Wenn die Regisseure zufrieden sind, sagen sie: „Danke. Nächste Szene!" Damit treten die Regisseure und die Spieler ab und das nächste Regie-Team nimmt auf den Stühlen Platz.
   - Die nächste Szene beginnt …
   Tipp: In einem zweiten Durchgang könnt ihr die Spieler einen passenden Satz sprechen lassen.

Die Theaterbühne – Wo wird hier gespielt?

Theaterschriftsteller geben mal stärker, mal weniger stark vor, wie sie sich die Bühne vorstellen, auf der ihr Stück gespielt werden soll. Einige solcher Bühnenanweisungen siehst du hier.

Aufgabe

1. Lies dir die Bühnenanweisungen auf den Seiten 32 und 33 durch und entscheide dich für die Bühnenanweisung, die dir am besten gefällt.

1

Kleiner, blaugetünchter, flacher Küchenraum mit niedriger Decke; ein Fenster links; eine rohgezimmerte Tür ins Freie führend rechts; eine Tür mit ausgehobenem Flügel mitten in der Hinterwand. – Links
5 in der Ecke der Herd, darüber an der Wand Küchengerät am Rahmen, rechts in der Ecke Ruder und Schiffereigerät; gespaltenes Holz, sogenannte Stubben, unter dem Fenster in einem Haufen. Eine alte Küchenbank, mehrere Schemel usw. usw. – Durch
10 den leeren Türrahmen der Hinterwand blickt man in einen zweiten Raum. Darin steht ein hochgemachtes, sauber gedecktes Bett, darüber hängen billige Fotografien in noch billigeren Rahmen, Öldruck-

köpfe in Visitenkartenformat usw. Ein Stuhl aus weichem Holz ist mit der Lehne gegen das Bett gestellt. – 15
Es ist Winter, der Mond scheint. Auf dem Herd in einem Blechleuchter steht ein brennendes Talglicht. Leontine Wolff ist auf einem Schemel am Herd, Kopf und Arme auf der Herdplatte, eingeschlafen. Sie ist ein siebzehnjähriges, hübsches, blondes Mädchen 20 in der Arbeitstracht eines Dienstmädchens. Über die blaue Kattunjacke hat sie ein dickes, wollenes Brusttuch gebunden. – Einige Sekunden bleibt es still, dann hört man, wie jemand bemüht ist, von außen die Tür aufzuschließen, in der jedoch von innen der 25
Schlüssel steckt. Nun pocht es.

2

Kein Vorhang. Keine Szenerie.
Beim Betreten des Theaters sieht der Zuschauer eine leere, halberleuchtete Bühne.
Der Spielleiter, den Hut auf dem Kopf, die Pfeife im
5 Mund, tritt auf und beginnt mit seinen Vorbereitungen. Er stellt einen Tisch und mehrere Stühle links im Vordergrund auf, sowie einen Tisch und Stühle rechts im Vordergrund.

Wenn der Zuschauerraum sich verdunkelt, ist die Arbeit auf der Bühne beendet. Der Spielleiter, gegen 10 den Pfeiler des rechten Proszeniums[1] gelehnt, beobachtet die letzten Ankömmlinge und wartet, bis sie sich gesetzt haben.
Er beginnt erst zu sprechen, nachdem es im Zuschauerraum ganz dunkel geworden ist. 15

1 Proszenium: Raum zwischen Vorhang und Rampe

3

Wir befinden uns vor einem Bahnhofsgebäude und sehen von links nach rechts eine Tür, die nach dem ersten Stock führt, einen Fahrkartenschalter und abermals eine Tür mit Milchglasscheiben und der
5 Überschrift „Stationsvorstand". Daneben einige Signalhebel, Läutwerk und dergleichen. An der Wand kleben Fahrpläne und Reisereklame. Zwei Bänke. Rechts verläuft aus dem Hintergrunde nach vorne die Bahnsteigschranke, aber die Schienen sieht man
10 nicht – man hört also nur die Ankunft, Abfahrt und Durchfahrt der Züge. Hier hält kein Expreß, ja nicht

einmal ein Eilzug, denn der Ort, zu dem dieser Bahnhof gehört, ist nur ein etwas größeres Dorf. Es ist eine kleine Station, aber an einer großen Linie.
Auf den Bänken warten zwei Reisende: Die Bäcker- 15
meistergattin Frau Leimgruber und ein Waldarbeiter mit einem leeren Rucksack und einer Baumsäge. Das Läutwerk läutet, dann wirds gleich wieder still.
Jetzt kommt ein dritter Reisender von links mit Hand- und Aktentasche, ein Vertreter aus der Stadt. 20
Er hält und blickt auf die Bahnhofsuhr. Es ist neun Uhr abends, eine warme Frühlingsnacht.

R

32

Fortsetzung auf Seite 33

4

Erster Auftritt
Marketenderzelte, davor eine Kram- und Trödelbu-
de. Soldaten von allen Farben und Feldzeichen drän-
gen sich durcheinander, alle Tische sind besetzt. Kro-
5 aten und Ulanen an einem Kohlfeuer kochen,
Marketenderin schenkt Wein, Soldatenjungen wür-
feln auf einer Trommel, im Zelt wird gesungen.

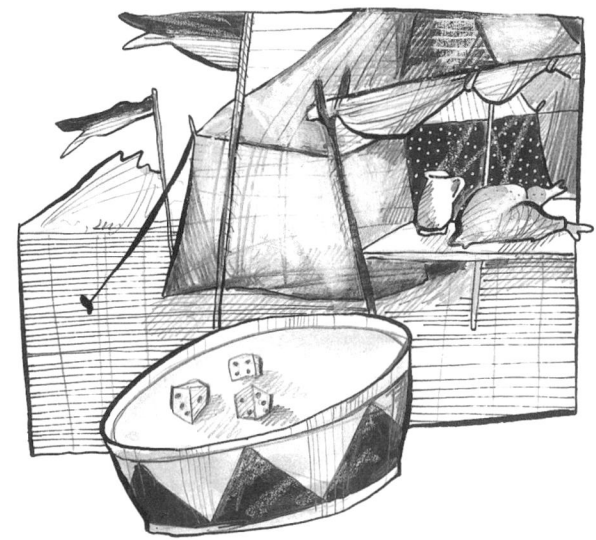

5

Achteckiger Saal in Sir Robert Chilterns Haus am
Grosvenor Square. Der Saal ist strahlend hell er-
leuchtet und voller Gäste. Auf dem Treppenabsatz
steht Lady Chiltern, eine Frau von ernster grie-
5 chischer Schönheit, etwa siebenundzwanzig Jahre
alt. Sie empfängt die heraufkommenden Gäste. Im
Treppenhaus hängt ein mächtiger Kronleuchter mit
Wachskerzen, die einen großen französischen Gobe-
lin aus dem achtzehnten Jahrhundert an der Wand
10 des Treppenhauses beleuchten – er stellt nach einem

Entwurf von Boucher[1] den Triumph der Liebe dar.
Rechts Tür zum Musikzimmer. Die Klänge eines
Streichquartetts sind schwach zu vernehmen. Die
Tür zur Linken führt in andere Empfangsräume. Mrs
Marchmont und Lady Basildon, zwei ausnehmend 15
hübsche Frauen, sitzen zusammen auf einem Louis-
seize-Sofa. Sie sind Musterbeispiele erlesener Zer-
brechlichkeit. Ihr geziertes Benehmen ist von köstli-
chem Reiz. Watteau[1] hätte sie gern gemalt.

1 Boucher und Watteau: Maler des französischen Rokoko

Aufgaben

2. Was erfährst du in der Bühnenanweisung, die du in Aufgabe 1 gewählt hast,
   über den Inhalt des Stückes? Notiere.

3. Skizziere die Bühne auf einem DIN-A4-Blatt im Querformat.

4. Ergänze in deiner Bühnenanweisung fünf weitere Details und begründe, warum dir diese Details
   passend erscheinen.

5. Stell dir vor, dein Theater hätte zu wenig Geld. Auf welche Details in deiner Bühnenanweisung
   könntest du verzichten? Begründe.

6. Informiere dich im Lösungsteil über die Autoren und die Titel der Stücke.

Rollenbiografien schreiben

Wenn du eine Rollenbiografie schreibst, lernst du die Figur, um die es geht, besser kennen. Du kannst die Informationen deiner Rollenbiografie später auch für das szenische Spiel nutzen.

Aufgabe

1. Lies den Text und markiere alle Informationen, die du zu der Fee und zu der Hexe erhältst.
   Tipp: Verwende für Fee und Hexe verschiedene Farben.

Am Schneesee

Es war einmal ein See, der war immer voller Schnee, darum nannten ihn alle Leute nur Schneesee. Um diesen Schneesee wuchs Klee, der Schneeseeklee, der wuchs rot und grün, und darin äste ein Reh, das
5 Schneeseekleereh, und dieses Schneeseekleereh wurde von einer Fee geliebt, die fast so schön war wie Scheherezade, der überaus anmutigen Schneeseekleerehfee.

Diese Fee hatte, wie alle Feen dieser Gegend, sechs-
10 undsechzig Zehen, fünfundsechzig zum Gehen und einen zum Drehen, und dieser sechsundsechzigste Zeh war natürlich der Schneeseekleerehfeedrehzeh. Zehendrehen macht schrecklich Spaß, doch einmal drehte die Fee im Übermut ihren Zeh zu sehr, und da
15 tat der Drehzeh schrecklich weh.

Zum Glück wohnte am Schneesee eine weise Frau. Die weise Frau, eine Heckenhexe mit zwei schrecklichen Hackenhaxen, hockte grade vor einer Hucke Kräutern, als die kleine Fee gehumpelt kam.
20 „Guten Tag, beste Heckenhexe mit den Hackenhaxen!"

„Guten Tag, nette Schneeseekleerehfee mit den sechsundsechzig Zehen! Doch was seh ich: Du humpelst? Was hast du denn?"
25 Da antwortete die Schneeseekleerehfee: „Schneeseekleerehfeezehweh!"

„Gehzehweh oder Drehzehweh?"

„Drehzehweh!"

„Dann ist es nicht so schlimm: Gehzehweh ist zäh
30 und hält sich, doch Drehzehweh kommt und vergeht jäh – und wodurch vergeht es? Natürlich durch der Heckenhexe herrlichsten Tee, den hellgelben Schneeseekleerehfeedrehzehwehtee! Und einen solchen hellgelben Schneeseekleerehfeedrehzehweh-
35 tee werde ich dir jetzt brauen."

Die Heckenhexe mit den Hackenhaxen nahm Blätter von sieben mal sieben Bäumen und Blüten aus sieben mal sieben Träumen und brachte sie mit Milch aus sieben mal sieben Eutern und Wurzeln von sie-
40 ben Kräutern zum Schäumen, und als der Sud sich abgeklärt hatte, wallte im Kessel der hellgelbe Tee. Na, wenn der nicht bitter schmeckte!

„Trink das aus, nette Schneeseekleerehfee!"

„Auf einen Zug, beste Heckenhexe?"

„Auf einen Zug, nette Schneeseekleerehfee!" 45
Da trank die Schneeseekleerehfee auf einen Zug den ganzen Schneeseekleerehfeedrehzehwehteekessel aus, und als der Schneeseekleerehfeedrehzehwehteekessel ausgetrunken war, hatte der hellgelbe Schneeseekleerehfeedrehzehwehtee das Schneesee- 50
kleerehfeedrehzehweh aus dem Schneeseekleerehfeedrehzeh der Schneeseekleerehfee weggehext, und da stieß die glückliche Fee ein lautes Juchhe aus, das rings durch alle Wälder schallte.

„Ich danke dir, beste Heckenhexe!" 55

„Ist schon gut, du nette Schneeseekleerehfee. Nun aber dreh nicht mehr so toll deinen kleinen Drehzeh!"

„Werd's bedenken, beste Heckenhexe."

„Lerne, lerne, nette Rehfee!" 60
Und die Schneeseekleerehfee lief auf ihren fünfundsechzig Schneeseekleerehfeegehzehen von der Heckenhexe mit den Hackenhaxen in der Hocke vor der Hucke in den Wald zurück und freute sich ganz toll, dass das brennende Schneeseekleerehfeedreh- 65
zehweh durch den hellgelben Schneeseekleerehfeedrehzehwehtee aus dem Schneeseekleerehfeedrehzeh weggehext war, und sie lachte und klatschte in die Hände und freute sich und streichelte sacht mit ihrem sechsundsechzigsten Zeh, dem Drehzeh, das 70
Schneeseekleereh im Schneesee am See voll Schnee.

Franz Fühmann

34

Fortsetzung auf Seite 35

Aufgaben

2. Schreibe Rollenbiografien für die Schneeseekleerehfee und die Heckenhexe. Gehe so vor:
   a) Lies dir den Infokasten zur Rollenbiografie durch.

> **Informationen zur Rollenbiografie**
> In einer Rollenbiografie schreibst du auf, was du aus dem Text über die Figur erfährst:
> Wie alt ist die Figur? Wie heißt die Figur? Wo lebt die Figur? Wann lebt die Figur?
> In einem zweiten Schritt kannst du Angaben ergänzen, die zwar nicht im Text stehen,
> aber zu der übrigen Biografie passen.

   b) Notiere Fragen, die eine Rollenbiografie beantworten könnte.

   _____

   _____

   _____

   _____

   _____

   c) Schreibe in deinem Heft eine Rollenbiografie-Karte für die Fee und die Hexe.
      Halte dich dabei zunächst streng an die Angaben des Textes.

Fee	**Hexe**
Name: Schneeseekleerehfee	Name: Heckenhexe
...	...

   d) Ergänze nun weitere Angaben, die zwar nicht im Text stehen,
      die aber zu der übrigen Biografie der Figur passen.

3. Ihr könnt euer Verständnis für die Figur mit dem Spiel „Lügendetektor"
   prüfen. Geht so vor:
   • Notiert zuerst Fragen, die ihr der Figur stellen möchtet.
     Das können Fragen sein, die mit Hilfe des Textes beantwortet werden
     können, oder Fragen, die die Figur aus ihrem Rollenverständnis
     heraus frei beantworten muss.
   • Ein Spieler schlüpft in die Rolle der Figur.
   • Die übrigen Schülerinnen und Schüler setzen sich im Halbkreis um die Figur
     und stellen ihre Fragen.
   • Die Figur versucht, Antworten zu finden, die zu ihrer Rollenbiografie passen.
   • Ist der Fragende der Ansicht, dass die Antwort nicht passt, hebt er die Hand
     und begründet kurz, warum die Antwort seiner Ansicht nach nicht zutrifft.
   • Nach drei Fragen wechselt der Spieler in der Mitte.

> **Tipp:** Das Spiel „Lügendetektor" lässt sich auf alle Stücke und Texte, die ihr szenisch bearbeitet, anwenden.

Wer ist wer am Theater?

Was Schauspieler machen, weiß jeder. Aber was machen eigentlich ein Intendant, ein Regisseur oder ein Inspizient? Einige der Berufe, ohne die ein Theater nicht funktioniert, könnt ihr im Rahmen eines Improvisationsspiels kennen lernen.

Aufgabe

1. Spielt das Spiel „Theaterberufe raten". Geht so vor:
   - Schneidet die Berufsbeschreibungen auf den Seiten 36 und 37 aus.
   - Mindestens einer und maximal zehn Freiwillige melden sich und ziehen eine der zehn Berufsbeschreibungen.
   - Nach einer kurzen Probezeit führen die Freiwilligen nacheinander ihre Berufe durch typische Gesten und kurze Aussagen (die aber nicht gleich alles verraten) vor.
   - Die Zuschauer raten, welcher Theaterberuf ihnen gerade vorgestellt wird.
   - Sie können dazu aus den folgenden Berufen wählen:

Regisseur	Bühnenbildner	Beleuchtungsmeister
Kostümbildner	Requisiteur	Maskenbildner
Schauspieler	Inspizient	Souffleur
	Komparse	

   - Wenn ein Beruf erraten ist, ist der nächste Freiwillige mit seiner Improvisation an der Reihe.

Regisseur:
Theater-Regisseure und -Regisseurinnen inszenieren Werke des Sprech- und Musiktheaters (Schauspiel, Oper, Operette, Musical, Singspiel). Dabei spielen sie eine entscheidende künstlerische Rolle. Sie deuten zum Beispiel das Stück, das aufgeführt werden soll, und vermitteln den Schauspielerinnen und Schauspielern während der Proben, wie sie ihre Rollen verkörpern sollen.

Bühnenbildner:
Bühnenbildner/innen entwerfen und gestalten Bühnenräume und -dekorationen.

Beleuchtungsmeister:
Beleuchtungsmeister/innen lösen beleuchtungstechnische Aufgaben. Sie setzen die Vorstellungen von Regisseur/in und Bühnenbildner/in hinsichtlich der Lichtgestaltung und Ausleuchtung um und verbinden damit in ihrer Tätigkeit künstlerische und technische Aufgaben.

Kostümbildner:
Kostümbildner/innen entwerfen Kostüme. Dabei sprechen sie sich mit der Regie, dem Bühnenbildner, den Maskenbildnern und auch der Intendanz beziehungsweise Produktionsleitung ab.

Fortsetzung auf Seite 37

Wer ist wer am Theater?

Maskenbildner:
Maskenbildner/innen gestalten in Zusammenarbeit mit Regie, Kostüm- oder Bühnenbild maskenbildnerische Konzepte. Sie schminken und frisieren Darsteller und Darstellerinnen und betreuen deren Maske während der Vorstellungen.

Schauspieler:
Schauspieler/innen verkörpern Charaktere. Dabei setzen sie ihre eigenen künstlerischen Ausdrucksmittel ein: Gestik, Mimik, Körpersprache und Stimme.

Inspizient:
Inspizienten und Inspizientinnen sind für den organisatorischen Ablauf einer Veranstaltung verantwortlich. Zusammen mit dem Regisseur oder der Regisseurin sorgen sie für den rechtzeitigen, spielgerechten Auftritt oder Einsatz der Künstler/innen, des Orchesters und auch der Hilfskräfte. Sie sind das Bindeglied zwischen Kunst und Technik, koordinieren Umbauten, Beleuchtung und Geräusche. Ihr Arbeitsort ist das Inspizientenpult mit Monitoren, Ruf- und Sprechanlagen, optischen und akustischen Signalanlagen, von dem aus sie die Aufführung steuern. Sie lösen das Klingelzeichen zum Einrufen des Publikums aus, rufen die Schauspieler/innen, mit den entsprechenden Requisiten versehen, auf die Bühne. In ihrem Textbuch notieren sie auf das Stichwort genau szenische Verwandlungen, Toneinspielungen sowie Lichtwechsel. Auch das Öffnen und Schließen des Vorhangs sowie das Auslösen von Spezialeffekten, wie zum Beispiel Blitz und Donner, gehören zu ihrem Aufgabenbereich.

Souffleur:
Souffleure und Souffleusen verfolgen vom Souffleurkasten aus den Text eines Theaterstücks durch Mitlesen. Sie sind das Sicherheitsnetz der Schauspieler/innen für den Fall, dass diese den Faden verlieren und ihren Text beziehungsweise ihren Einsatz vergessen.

Komparse:
Komparsen/Komparsinnen sind Kleindarsteller und Statisten. Sie werden beispielsweise bei sogenannten Massenszenen (Schlachten, Straßenszenen, Menschenaufläufe, Restaurantgäste, Zuschauer/innen usw.) gebraucht. Komparsen/Komparsinnen agieren vorwiegend im Hintergrund. Teilweise haben sie auch kurze Texte zu sprechen oder sie treten in kurzen Szenen mit den Hauptdarstellern/-darstellerinnen auf. Nicht selten werden Komparsen/Komparsinnen mit besonderen Fähigkeiten ausgesucht: Tänzer/innen beispielsweise, Akrobaten/Akrobatinnen oder Personen, die bestimmte Kampfsportarten beherrschen.

Requisiteur:
Zu den Aufgaben der Requisiteure/Requisiteurinnen gehört das Anfertigen oder Beschaffen all der Dinge, die für die Bühne wichtig sind. Sie entwerfen die Requisiten und Dekorationsteile und kalkulieren auch die anfallenden Kosten.

Eine Theaterführung

Aufgabe

1. Lest die folgenden Beschreibungen zu den üblichen Teilen eines Theaterbaus.
   Markiert dabei mit drei verschiedenen Farben, welche Beschreibungen zur „Bühne",
   zur „Technik" oder zum „Zuschauer" gehören.

Auf der **Bühne** treten die Schauspieler auf.

Die **Rampe** bezeichnet im Theater die Grenzlinie zwischen Bühne und Zuschauerraum.

Die **Seitenbühnen** sind für die Zuschauer nicht einsehbar; hier werden Bühnenbilder oder Requisiten für das Stück gelagert.

Der **Schnürboden** ist eine Zwischendecke im Theater oberhalb der Bühne. Er ist so hoch wie der für die Zuschauer sichtbare Bühnenraum, da Kulissen dort hinaufgezogen werden müssen.

Eine **Soffitte** ist am Theater eine im gerade noch sichtbaren oberen Bereich quer über der Bühne hängende Stoffbahn. Sie verhindert die Einsicht in den Schnürboden.

Der **Bühnenvorhang** ist meist in der Mitte geteilt und auf Schienen befestigt. Er wird in der Regel mit einem Vorhangzug auf- und zugezogen, dessen manuelle Bedienung spezielles Können erfordert.

Vom **Souffleurkasten** aus kann eine Person während einer Aufführung die Rollen flüsternd mitlesen.

In der **Unterbühne** ist die Technik für die Bühne versteckt, die zum Beispiel bei absenkbaren Bühnen oder Drehbühnen benötigt wird. Teilweise werden hier auch Bühnenbilder versenkt. Schauspieler haben von hier aus einen weiteren Bühnenzugang aus dem Bühnenboden.

Der **Bühnenprospekt** ist auf der Bühne die hintere Begrenzung eines Bühnenbilds. Häufig ist er bemalt, wird für Projektionen genutzt oder mittels verschiedenfarbiger Beleuchtung als Hintergrund eingesetzt. Mit Hilfe eines Seilzugs kann er auf den Schnürboden hinaufgezogen werden, wo oft mehrere einsatzbereite Prospekte hängen.

Das **Parkett** ist der ebenerdige, direkt vor der Bühne gelegene Teil des Zuschauerraums.

Mit **Rang** bezeichnet man die Stockwerke des Zuschauerraums (1. Rang = 1. Stock).

Die **Loge** ist ein vorne offener und mit einer Brüstung versehener, seitwärts aber abgeschlossener Sitzraum im Theater.

Als **Foyer** bezeichnet man den großen Vorraum des Theaters. Hier kann sich das Publikums während der Pausen aufhalten.

Fortsetzung auf Seite 39

Aufgaben

2. Beschrifte die Zeichnung mit Hilfe der Informationen von Seite 38.

3. Spielt eine Theaterführung. Geht so vor:
    *   Einigt euch mit einer Partnerin oder einem Partner, wer für die „Technik"
        und wer für „Bühne und Zuschauer" zuständig ist.
    *   Führt euch anschließend mit Hilfe der Informationen und der Zeichnung
        auf den Seiten 38 und 39 gegenseitig durch euren Teil des Theaters.

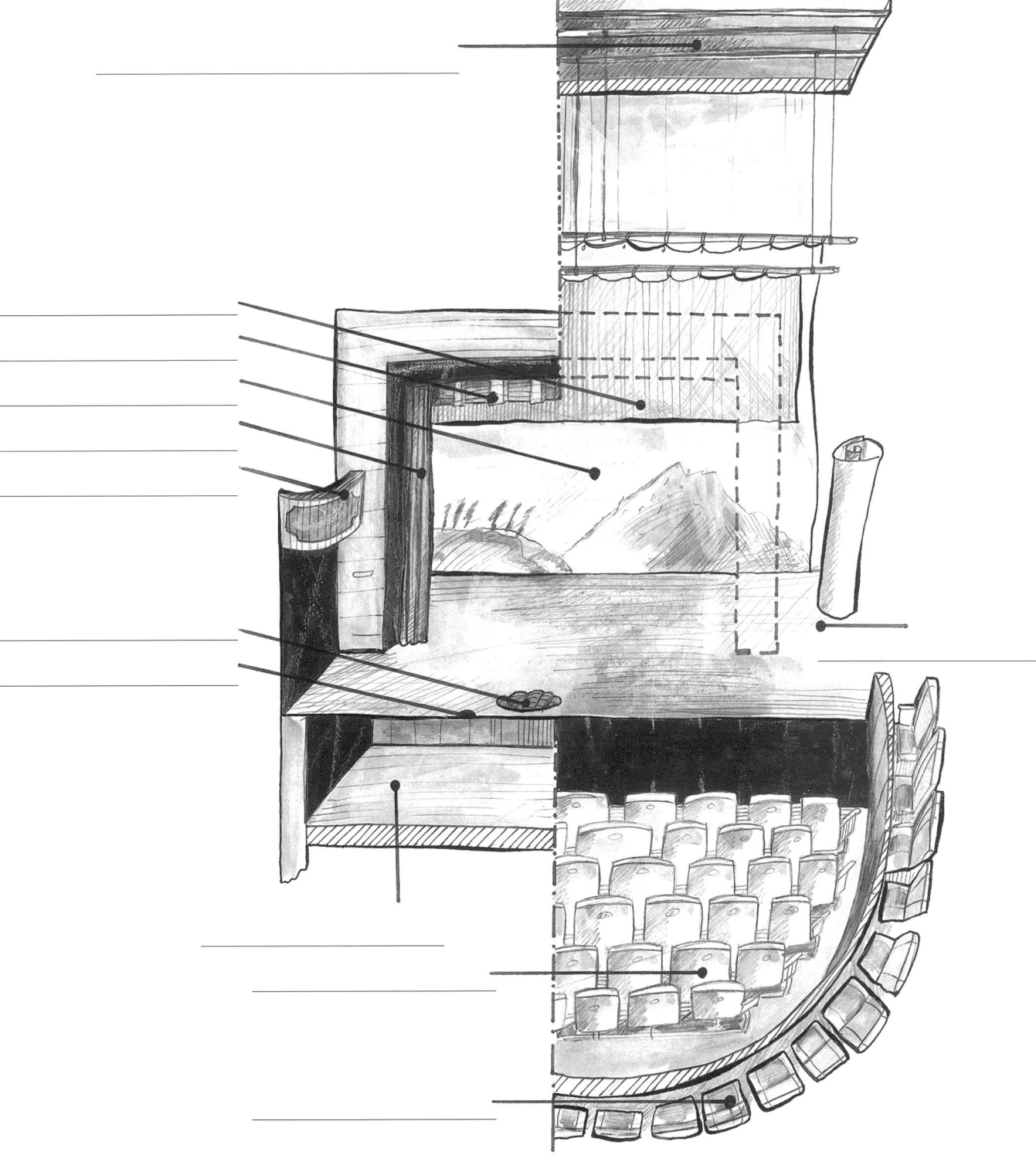

Der Inhalt führt Regie – Gedichte richtig vortragen

Ein Gedicht vorlesen können viele, aber es richtig vortragen? Dazu musst du zunächst das Gedicht selbst genauer untersuchen. Denn nur, wenn du weißt, um welche Inhalte es geht und welche Stimmung in dem Gedicht vorherrscht, kannst du es auch angemessen vortragen.

Aufgabe

1. Lies die beiden Gedichte mehrmals.

Kriegslied

's ist Krieg! 's ist Krieg! O Gottes Engel wehre,
  Und rede Du darein!
's ist leider Krieg – und ich begehre
  Nicht schuld daran zu sein!

5 Was sollt' ich machen, wenn im Schlaf mit Grämen
  Und blutig, bleich und blass,
Die Geister der Erschlagnen zu mir kämen,
  Und vor mir weinten, was?

Wenn wackre Männer, die sich Ehre suchten,
10 Verstümmelt und halb tot
Im Staub sich vor mir wälzten und mir fluchten
  In ihrer Todesnot?

Wenn tausend tausend Väter, Mütter, Bräute,
  So glücklich vor dem Krieg,
15 Nun alle elend, alle arme Leute,
  Wehklagten über mich?

Wenn Hunger, böse Seuch' und ihre Nöten
  Freund, Freund und Feind ins Grab
Versammleten, und mir zu Ehren krähten
20 Von einer Leich' herab?

Was hülf' mir Kron' und Land und Gold und Ehre?
  Die könnten mich nicht freun!
's ist leider Krieg – und ich begehre
  Nicht schuld daran zu sein!

Matthias Claudius

Das Huhn

In der Bahnhofshalle, nicht für es gebaut,
geht ein Huhn
hin und her ...
Wo, wo ist der Herr Stationsvorsteh'r?
5 Wird dem Huhn
man nichts tun?
Hoffen wir es! Sagen wir es laut:
dass ihm unsre Sympathie gehört,
selbst an dieser Stätte, wo es – „stört"!

Christian Morgenstern

Fortsetzung auf Seite 41

Der Inhalt führt Regie – Gedichte richtig vortragen

Aufgaben

2. Untersuche den Inhalt der Gedichte mit Hilfe der folgenden Fragen.
   Notiere jeweils kurze Antworten in deinem Heft.

   Kriegslied:
   – Wer spricht in diesem Gedicht?
   – Was erfährst du aus dem Gedicht über dieses Ich?
   – In welcher Situation spricht das Ich?
   – Warum spricht das Ich?

   Das Huhn:
   – Wer spricht in diesem Gedicht?
   – Wer steht im Mittelpunkt dieses Gedichts?
   – In welcher Situation befindet sich das Huhn?
   – Warum gehört dem Huhn „unsre" Sympathie?

3. Notiere drei oder vier Adjektive, die die Stimmung des Gedichts beschreiben.

   Kriegslied: _____

   Das Huhn: _____

4. Welche Art und Weise des Vortrags würdest du bei diesem Gedicht als angemessen empfinden?
   Begründe.

   Kriegslied: _____

   _____

   _____

   _____

   Das Huhn: _____

   _____

   _____

   _____

5. Notiere neben den Gedichten auf Seite 40 Regieanweisungen.

6. Versieh die Gedichte zusätzlich mit den folgenden Vortragszeichen.

laut: **>**	leise: **<**
schneller: **→**	langsamer: **←**
Pause: **/**	weiterlesen: **⌒**

7. Trage beide Gedichte angemessen vor.

„Erlkönig" – ein Simultanvortrag

Johann Wolfgang von Goethes berühmte Ballade „Erlkönig" war ursprünglich ein Singspiel, bei dem bestimmte Verse simultan, das heißt gleichzeitig, vorgetragen wurden.

Aufgabe

1. Lies die Ballade „Erlkönig" und unterstreiche alle Wörter, die du nicht verstehst.
   Kläre anschließend die Bedeutung der Wörter aus dem Textzusammenhang oder mit Hilfe
   eines Wörterbuchs.

Erlkönig

Wer reitet so spät durch Nacht und Wind?
Es ist der Vater mit seinem Kind;
Er hat den Knaben wohl in dem Arm,
Er fasst ihn sicher, er hält ihn warm.

5 „Mein Sohn, was birgst du so bang dein Gesicht?" –
„Siehst Vater, du den Erlkönig nicht?
Den Erlenkönig mit Kron' und Schweif?" –
„Mein Sohn, es ist ein Nebelstreif." –

„Du liebes Kind, komm, geh mit mir!
10 Gar schöne Spiele spiel ich mit dir;
Manch bunte Blumen sind an dem Strand,
Meine Mutter hat manch gülden Gewand."

„Mein Vater, mein Vater, und hörest du nicht,
Was Erlenkönig mir leise verspricht?" –
15 „Sei ruhig, bleibe ruhig, mein Kind;
In dürren Blättern säuselt der Wind." –

„Willst, feiner Knabe, du mit mir gehn?
Meine Töchter sollen dich warten schön;
Meine Töchter führen den nächtlichen Reihn
20 Und wiegen und tanzen und singen dich ein."

„Mein Vater, mein Vater, und siehst du nicht dort
Erlkönigs Töchter am düstern Ort?" –
„Mein Sohn, mein Sohn, ich seh es genau:
Es scheinen die alten Weiden so grau." –

25 „Ich liebe dich, mich reizt deine schöne Gestalt;
Und bist du nicht willig, so brauch ich Gewalt."
„Mein Vater, mein Vater, jetzt fasst er mich an!
Erlkönig hat mir ein Leids getan!" –

Dem Vater grauset's, er reitet geschwind,
30 Er hält in den Armen das ächzende Kind,
Erreicht den Hof mit Mühe und Not;
In seinen Armen das Kind war tot.

Johann Wolfgang von Goethe

42

Fortsetzung auf Seite 43

Aufgaben

2. Unterstreiche mit verschiedenen Farben, welche Verse der Erzähler (Rot), der Vater (Blau), das Kind (Grün) und der Erlkönig (Gelb) sprechen.

3. Schreibe in die Tabelle, welche Gefühle die Stimmen des Erzählers, des Vaters, des Kindes und des Erlkönigs beim Vortrag zum Ausdruck bringen sollten.

Erzähler	
Vater	
Kind	
Erlkönig	

4. Markiere Textstellen, die sich für einen Simultanvortrag eignen.

5. Tragt das Gedicht gemeinsam so vor, dass sich bei einzelnen Versen zwei Stimmen überlagern. Achtet dabei auf die Lautstärke der Stimmen.
   Tipp: Um die Wirkung des Vortrags zu verstärken, können sich die Sprecher im Raum verteilen.

Ein Dialog – zwei Inhalte

1. Lest die beiden Dialoge mit verteilten Rollen.

1.	2.
Lara kommt aus der Schule nach Hause. **Lara:** *(fröhlich)*: Hallo, Papa. **Vater:** Guten Tag, Lara. Wie war es in der Schule? **Lara** *(setzt sich gut gelaunt an den Tisch)*: Ich muss dir etwas erzählen. **Vater** *(sieht sie freundlich an)*: Hast du vielleicht eine Klassenarbeit zurückbekommen?	*Lara kommt aus der Schule nach Hause.* **Lara** *(leise)*: Hallo, Papa. **Vater:** Guten Tag, Lara. Wie war es in der Schule? **Lara** *(setzt sich mit gesenktem Kopf an den Tisch)*: Ich muss dir etwas erzählen. **Vater** *(ungeduldig)*: Hast du vielleicht eine Klassenarbeit zurückbekommen?

2. Lara und ihr Vater sagen in beiden Dialogen genau dasselbe.
   Erkläre, worin sich die beiden Szenen dennoch unterscheiden.

   _____

   _____

   _____

3. Die in Klammern vermerkten Regieanweisungen erklären den Spielern, wie sie sich verhalten und sprechen sollen. Spielt beide Szenen mehrmals, indem ihr die Regieanweisungen genau beachtet.

4. Sammle stichpunktartig Ideen dazu, wie die beiden Szenen weiter verlaufen könnten.

Szene 1	Szene 2

5. Schreibe beide Szenen zu Ende.
   Wenn du die Möglichkeit hast am Computer zu schreiben, dann beachte die folgenden Regeln:
   • Notiere die Figuren in **Fettdruck** oder mit GROSSBUCHSTABEN.
   • Notiere Regieanweisungen in Klammern.
   • Setze nach den Figurennamen oder den Regieanweisungen einen Doppelpunkt.
   • Schreibe nach dem Doppelpunkt die wörtliche Rede ohne Anführungszeichen.

Im Aufzug – eine Improvisation

Für das folgende Improvisationstheater braucht ihr 13 Mitspieler und einen umgrenzten, engen Raum, den ihr durch Bänke oder ein Klebeband am Boden markieren könnt.

Aufgaben

1. Spielt das Improvisationsstück „Im Aufzug". Geht so vor:
   - Schneidet die Rollenbeschreibungen auf den Seiten 45 bis 47 aus.
   - Mischt die Rollenbeschreibungen und verteilt sie an die 13 Spieler.
   - Die 13 Spieler begeben sich in den umgrenzten Raum.
   - Alle Spieler müssen entsprechend ihrer Rollenbeschreibung darauf achten, wann sie an der Reihe sind. Es darf vor der Aufführung aber keine Absprachen geben.
   - Sollten zwei Spieler gleichzeitig zu sprechen beginnen, muss das Stück von vorne aufgeführt werden.

2. Diskutiert nach dem Spiel eure Erfahrungen mit der Improvisation. Was ist schwierig? Was macht besonderen Spaß? …

Die Situation: Du bist mit den anderen zwischen dem 37. und dem 38. Stock in einem Fahrstuhl stecken geblieben.

Deine Rolle: Du sprichst als Erstes und machst besänftigende Witzchen oder Bemerkungen dazu, dass demnächst sicher alles wieder funktionieren wird.

Die Situation: Du bist mit den anderen zwischen dem 37. und dem 38. Stock in einem Fahrstuhl stecken geblieben.

Bevor du dran bist, versucht ein anderer, die unangenehme Situation etwas aufzulockern.

Deine Rolle: Du machst kurz Licht mit dem Feuerzeug.

Die Situation: Du bist mit den anderen zwischen dem 37. und dem 38. Stock in einem Fahrstuhl stecken geblieben.

Bevor du dran bist, macht jemand Licht mit seinem Feuerzeug.

Deine Rolle: Du hast zwei Einkaufstaschen auf den Armen und drückst wiederholt auf den Alarmknopf.

Bevor du noch einmal dran bist, seufzt jemand.

Deine Rolle: Du äußerst die Angst, dass deine Einkäufe auftauen könnten.

45

Fortsetzung auf Seite 46

Im Aufzug – eine Improvisation

Die Situation: Du bist mit den anderen zwischen dem 37. und dem 38. Stock in einem Fahrstuhl stecken geblieben.

Bevor du dran bist, drückt eine Frau mit Einkaufstaschen ständig den Alarmknopf.

Deine Rolle: Du sagst der Frau, sie solle nicht hysterisch werden, es gebe genug Platz, die Taschen abzustellen.

Die Situation: Du bist mit den anderen zwischen dem 37. und dem 38. Stock in einem Fahrstuhl stecken geblieben.

Bevor du dran bist, beruhigt jemand eine hysterische Frau.

Deine Rolle: Du sagst nichts, da du die Sprache nicht verstehst, schüttelst aber den Kopf.

Die Situation: Du bist mit den anderen zwischen dem 37. und dem 38. Stock in einem Fahrstuhl stecken geblieben.

Bevor du dran bist, schüttelt jemand den Kopf.

Deine Rolle: Du sagst, dass vielleicht das ganze Viertel keinen Strom hat und dass man daher auch darauf kommen wird, den Lift zu befreien.

Die Situation: Du bist mit den anderen zwischen dem 37. und dem 38. Stock in einem Fahrstuhl stecken geblieben.

Bevor du dran bist, sagt jemand, dass es hilft, wenn das ganze Stadtviertel keinen Strom hat.

Deine Rolle: Du regst dich über die dumme Erfindung des elektrischen Lifts auf.

Die Situation: Du bist mit den anderen zwischen dem 37. und dem 38. Stock in einem Fahrstuhl stecken geblieben.

Bevor du dran bist, sagt jemand, wie blöd er Aufzüge findet.

Deine Rolle: Du machst den Witz, dass die Einkaufstaschen der hysterischen Frau ja zum Überleben reichen werden.

Fortsetzung auf Seite 47

Im Aufzug – eine Improvisation

Die Situation: Du bist mit den anderen zwischen dem 37. und dem 38. Stock
                       in einem Fahrstuhl stecken geblieben.

Bevor du dran bist, macht jemand einen Witz über die Ernährung im Notfall.

Deine Rolle: Obwohl die anderen dabei sind, beginnst du mit deiner Partnerin
                      ein halblautes Gespräch über Alltägliches.
                      (Das Gespräch endet, wenn sie „Na gut" sagt.)

Die Situation: Du bist mit den anderen zwischen dem 37. und dem 38. Stock
                       in einem Fahrstuhl stecken geblieben.

Bevor du dran bist, beginnt dein Partner mir dir ein Gespräch über Nichtigkeiten.

Deine Rolle: Du gehst – obwohl alle zuhören können – halblaut auf das Gespräch ein.
                      Am Ende des Gesprächs sagst du „Na gut".

Die Situation: Du bist mit den anderen zwischen dem 37. und dem 38. Stock
                       in einem Fahrstuhl stecken geblieben.

Bevor du dran bist, sagt jemand am Ende seiner Äußerung „Na gut".

Deine Rolle: Du seufzt, sodass man Vorwurf und Unwillen heraushören kann.

Die Situation: Du bist mit den anderen zwischen dem 37. und dem 38. Stock
                       in einem Fahrstuhl stecken geblieben.

Bevor du dran bist, macht sich jemand Sorgen um sein Gefriergut.

Deine Rolle: Du freust dich lautstark darüber, dass wenigstens der Mann mit dem Hund
                      schon früher ausgestiegen ist.

Die Situation: Du bist mit den anderen zwischen dem 37. und dem 38. Stock
                       in einem Fahrstuhl stecken geblieben.

Bevor du dran bist, freut sich jemand über das Fehlen eines Hundes.

Deine Rolle: Du sprichst als Letzter und stellst erleichtert fest, dass der Aufzug
                      wieder anspringt.

Ein Theaterstück proben und spielen

In der Höhle der bösen Märchenfiguren

1. Szene
(In einer kleinen dunklen Höhle sitzen der Wolf, die Hexe und die böse Stiefmutter auf Hockern und spielen Karten.)

WOLF *(schlägt der Hexe auf die Schulter)*: Hexe, träum nicht, du bist dran!

HEXE: Ja, ich weiß. Ich war gerade in Gedanken. *(legt eine Karte)*

BÖSE STIEFMUTTER *(legt ebenfalls eine Karte; triumphierend)*: Gewonnen!

5 WOLF *(enttäuscht)*: Ach, dauernd gewinnst du! Ich will eine Revanche.

HEXE *(schüttelt den Kopf)*: Ich habe keine Lust mehr.

WOLF *(sieht sie verwundert an)*: Was ist denn los mit dir? Du bist schon die ganze Zeit so schweigsam!

HEXE *(senkt den Kopf)*: Ich weiß auch nicht. Mein Beruf macht mir irgendwie

10 keinen Spaß mehr. Den ganzen Tag in dieser Höhle sitzen und darauf warten, dass wieder irgendein Erwachsener einem Kind das Märchen von Hänsel und Gretel erzählt, dann losgehen auf die Märchenbühne, aus dem Lebkuchenhaus kommen und böse sein, einfach böse sein. Keiner liebt mich, denn für alle bin ich nur die Böse.

15 BÖSE STIEFMUTTER *(schüttelt den Kopf)*: Du hast ja komische Gedanken. Natürlich musst du böse sein, schließlich bist du eine böse Märchenfigur! Du bist nun einmal die böse Hexe aus „Hänsel und Gretel".

HEXE *(seufzt, steht auf und geht eine Weile in der Höhle umher)*: Ich weiß. Aber muss das denn ewig so bleiben? Ich würde so gern einmal als eine nette Großmutter

20 auftreten, die, wie im Märchen, den Kindern Lebkuchen anbietet, aber nicht, um sie anzulocken und anschließend zu mästen, sondern nur, um nett zu sein. *(sieht schwärmerisch nach oben)* Ach, dann würde ich sie in mein warmes Häuschen bitten, mit ihnen Kuchen essen und ihnen die Geschichte von Hänsel und Gretel und der lieben Hexe vorlesen.

25 WOLF *(schlägt sich vor Lachen auf die Schenkel)*: Ha, ha, ha, ich lach mich tot, Hänsel und Gretel und die liebe Hexe, ha, ha, ha!

HEXE *(sieht ihn böse an)*: Mach dich nur lustig! Ich könnte mir gut vorstellen, den Kindern ein Zuhause zu geben. Dann kann ihnen die böse Stiefmutter auf ewig gestohlen bleiben, die sie aus dem Haus haben wollte.

30 BÖSE STIEFMUTTER *(empört)*: Nun lass mich aus dem Spiel!

WOLF *(lacht wieder laut)*: Ha, ha, ha, gleich schlägt sie dir auch noch vor, zu den Kindern nett zu sein!

BÖSE STIEFMUTTER *(hebt abwehrend die Hände)*: Bewahre! Dann müssten die beiden ja nicht in den Wald gehen und würden gar nicht das Hexenhaus finden!

35 HEXE *(blickt suchend zum Eingang)*: Wo bleibt eigentlich Rumpelstilzchen?

WOLF *(grinst)*: Ach, der geht gerade völlig darin auf, die Müllerstochter Höllenqualen leiden zu lassen, indem er ihr androht, ihr das Kind wegzunehmen.

HEXE *(schüttelt energisch den Kopf)*: Nein!

BÖSE STIEFMUTTER und WOLF *(blicken sie erstaunt an)*: Wieso nein?

40 HEXE: Es ging ihm heute gar nicht gut. Er hat es nämlich auch satt, immer nur böse zu sein! Er möchte auch einmal geliebt werden von den Kindern, die die Märchen hören, genauso wie ich!

WOLF *(haut sich vor die Stirn)*: Unfassbar! Leute, ihr setzt euren Job aufs Spiel und das in der heutigen Zeit, wo es schon so viel Arbeitslose gibt.

45 BÖSE STIEFMUTTER *(zeigt zur Tür)*: Da ist er ja!

RUMPELSTILZCHEN *(springt fröhlich herein und lässt sich auf einen Hocker fallen)*: Leute, mir geht es gut! Ich muss euch was erzählen!

Fortsetzung auf Seite 49

WOLF *(sieht die Hexe grinsend an)*: Das sieht nun nicht gerade nach einer Krise aus, meine liebe Hexe!

50 HEXE *(hält den Finger an die Lippen)*: Pssst, Wolf, hör lieber zu!

RUMPELSTILZCHEN *(lacht)*: Ich habe heute so was Gutes getan, ach, ich bin ein richtig Netter! *(klopft sich selbst auf die Schulter)*

WOLF *(ungeduldig)*: Nun red doch endlich.

RUMPELSTILZCHEN: Also gut. *(Er holt sich einen*
55 *zweiten Hocker heran, auf den er seine Beine legt.)* Ich habe gestern schon mit der Hexe darüber gesprochen, dass ich keine Lust mehr dazu habe, immer nur böse zu sein. Gerade in der heutigen Zeit ist es doch wichtig, dass man nett zueinander ist. Mal
60 ehrlich, Wolf, wie oft soll ich denn noch hingehen und der Müllerstochter das Kind wegnehmen wollen? Jedes Mal zerreißt es mir mehr das Herz, wenn ich sehe, wie verzweifelt sie ist. Das kann man doch nicht immer aushalten!

65 WOLF *(sieht genervt die Hexe an)*: Das kommt mir irgendwie so bekannt vor …

RUMPELSTILZCHEN *(feierlich)*: Und darum habe ich es heute einfach anders gemacht!

WOLF und BÖSE STIEFMUTTER *(springen von den*
70 *Hockern auf)*: Wie bitte?

RUMPELSTILZCHEN: Ja, ich war einfach nett. Was meint ihr, wie schön es war, keine verzweifelte Müllerstochter mehr vor sich zu haben. Das Stroh habe ich ihr einfach so zu Gold gesponnen, als sie fragte,
75 was ich dafür haben will, habe ich ihr weder ihre Halskette noch ihren Ring weggenommen und auch beim dritten Mal, als ich eigentlich hätte ihr Kind verlangen müssen, war meine Antwort: Dafür möchte ich nichts haben, das mache ich doch gern
80 für dich!

WOLF *(aufgebracht)*: Bist du noch zu retten? *(lässt sich rückwärts wieder auf seinen Hocker fallen)*

BÖSE STIEFMUTTER *(setzt sich auch wieder hin)*: Und was passierte dann?

RUMPELSTILZCHEN: Es gab eine wunderschöne Hochzeit und ich konnte ein-
85 fach nach Hause gehen und musste mich nicht selbst zerreißen und im Boden versinken. Merkt ihr, wie entspannt ich jetzt bin? Es ist doch einfach nur gut, ein bisschen nett zu anderen zu sein.

WOLF *(kopfschüttelnd)*: Aber deine Berufsbezeichnung lautet nun einmal: die böse Figur im Märchen „Rumpelstilzchen".

90 RUMPELSTILZCHEN: Wer sich heute in seinem Job behaupten will, der muss auch einmal flexibel sein und neue Wege beschreiten. Das habe ich heute getan und ich bin sehr zufrieden und glücklich.

HEXE *(strahlt ihn an)*: Ich bin stolz auf dich, Rumpelstilzchen. Das ist auch meine Meinung. Ich werde jetzt auch gut zu den Kindern sein, dann geht es mir besser.

95 BÖSE STIEFMUTTER *(zweifelnd)*: Ob ich das vielleicht doch auch einmal ausprobiere? Ich könnte meine Eifersucht Schneewittchen gegenüber vergessen und einfach eine liebe Stiefmutter sein. Dann muss sie auch nicht durch den dunklen Wald laufen und bei den Zwergen leben.

Fortsetzung auf Seite 50

RUMPELSTILZCHEN: Vor allem wirst du sie nicht töten müssen!

100 WOLF *(aufgebracht)*: Jetzt hört doch endlich auf! Das ist ja grauenhaft. Gleich verlangt ihr noch von mir, dass ich Rotkäppchen beim Blumenpflücken helfe, anstatt sie aufzufressen!

RUMPELSTILZCHEN und HEXE *(begeistert)*: Das hört sich gut an!

BÖSE STIEFMUTTER *(nickt)*: Langsam lasse ich mich auch von eurer Idee anste-
105 cken. Wolf, überleg mal, das würde dir doch auch Spaß machen, gemeinsam mit einem kleinen Mädchen Blumen zu pflücken und dich einfach nett mit ihm zu unterhalten.

WOLF *(genervt)*: Schluss jetzt! *(blickt eine Weile auf den Boden, dann hebt er wieder den Kopf)* Wenn ich mir natürlich jetzt vorstelle, dass ich hinterher nicht diese
110 bittere Großmutter fressen muss und auch nicht erschossen werde, dann könnte ich mich vielleicht doch mit dem Gedanken anfreunden.

RUMPELSTILZCHEN *(schlägt ihm auf die Schulter)*: Los, Wolf, probier es doch einfach mal aus.

HEXE *(steht auf)*: Also, ich probiere es!

115 BÖSE STIEFMUTTER: Ich auch …

WOLF *(knurrend)*: Mmh, ich weiß nicht.

HEXE: Gib dir einen Ruck.

WOLF *(mürrisch)*: Also gut, aber nur ein einziges Mal, nur zum Ausprobieren!

(Drei Wecker klingeln, Wolf, Hexe und die böse Stiefmutter greifen in ihre Jackentasche
120 *und holen jeder einen Wecker heraus und stellen ihn aus.)*

WOLF *(erhebt sich)*: Ich muss los!

HEXE *(erhebt sich)*: Ich auch.

BÖSE STIEFMUTTER *(erhebt sich)*: Und ich auch.

RUMPELSTILZCHEN: Toi, toi, toi, Leute, viel Spaß als liebe Figur!

125 *(Die drei gehen zur Tür.)*

WOLF: O nein, auf was habe ich mich da bloß eingelassen!

(Die drei gehen hinaus.)

2. Szene

RUMPELSTILZCHEN *(sitzt allein auf dem Hocker und singt)*: Ach wie gut, ach wie gut, dass bald jeder weiß, dass ich ab heute liebes Rumpelstilzchen heiß …

130 *(Stimmen im Eingang)*

RUMPELSTILZCHEN: Da sind sie ja endlich.

HEXE *(kommt herein)*: Ach, war das schön! Ich konnte mich wie eine richtige Oma benehmen. Die Kinder waren so dankbar.

BÖSE STIEFMUTTER *(kommt herein)*: Ich habe mich so gut mit Schneewittchen
135 verstanden. Wir waren zusammen shoppen und ich habe ihr ein richtig schickes Kleid gekauft, in dem sie sehr hübsch aussieht.

WOLF *(kommt herein)*: Leute, Blumen pflücken mit niedlichen Mädchen, das kann echt angenehm sein. Aber am meisten *(er beginnt zu kichern)*, am meisten habe ich über den Jäger gelacht. Der schlich die ganze Zeit um das Haus der Groß-
140 mutter und wunderte sich, dass in dem Bett immer noch die Großmutter lag. Als sie dann endlich wach wurde und ihn einfach entspannt zum Kaffee einlud, da war er ganz verwirrt. Nein, was habe ich gelacht. *(Wolf beginnt ein schallendes Gelächter, in das die anderen Figuren einfallen. Alle setzen sich.)*

Fortsetzung auf Seite 51

RUMPELSTILZCHEN: Ich habe es doch gesagt. Es lohnt sich, nett zu sein.

145 *(Von draußen hört man lautes Weinen und Schluchzen von Kindern.)*

RUMPELSTILZCHEN: Was ist das?

HEXE: Ich weiß nicht!

(Drei Kinder kommen herein.)

WOLF: Oh, hoher Besuch!

150 HEXE: Wer seid ihr denn?

KINDER: Dennis, Bert und Max.

DENNIS: Sind wir hier richtig in der Höhle der bösen Figuren?

WOLF *(stolz)*: Aber ja, das seid ihr.

155 HEXE, RUMPELSTILZCHEN und BÖSE STIEFMUTTER: Seit heute stimmt das nicht mehr!

BERT: Darum möchten wir uns ja auch beschweren.

160 MAX: Jedes Wochenende sind wir zu Besuch bei unserer Oma. Abends liest sie uns immer spannende Märchen vor.

DENNIS: Aber heute war plötzlich alles total langweilig. Das macht wirklich keinen

165 Spaß.

BERT: Rumpelstilzchen wollte nichts dafür haben, dass er das Stroh zu Gold spinnt, und die Hexe lud Hänsel und Gretel zum Pfannkuchenbacken ein. Weiter passierte nichts.

MAX: Und die Stiefmutter ging mit Schneewittchen shoppen, die tollen sieben

170 Zwerge kamen nicht einmal vor. Aber ganz albern war es bei Rotkäppchen, der Wolf fraß sie nicht, sondern half ihr beim Blumenpflücken und führte sich auf wie ein alberner Macho!

WOLF *(schlägt die Hände vors Gesicht)*: Ich habe es ja gesagt, das geht nach hinten los!

175 DENNIS: Die Märchen waren überhaupt nicht mehr spannend. Soll das jetzt etwa so bleiben?

RUMPELSTILZCHEN *(nachdenklich)*: So habe ich das noch gar nicht betrachtet. Ich wollte bloß auch mal von den Kindern geliebt werden.

BERT: Aber wir lieben euch doch, ihr bösen Figuren. Ohne euch wären die Mär-

180 chen langweilig. Wir hören sie doch deshalb so gern, weil es richtig aufregend wird, wenn ihr auftaucht. Bitte, ihr müsst so bleiben, wie ihr seid.

HEXE: Ach so. Du meinst, ihr liebt mich, weil ich die böse Hexe bin, die die Kinder einsperrt?

MAX: Na klar. Dann wird es doch erst spannend.

185 RUMPELSTILZCHEN: Und ich bin wichtig, weil ich das Kind wegnehmen will. Gut, dass uns das endlich mal einer sagt.

WOLF *(empört)*: Ich habe es die ganze Zeit gesagt! Aber auf so einen alten bösen Wolf will ja nie einer hören.

BÖSE STIEFMUTTER: Dann bleiben wir, wie wir sind, damit die Kinder zufrieden

190 sind!

DENNIS, MAX, BERT: Super! Da sind wir erleichtert! Nun freuen wir uns schon wieder auf das nächste Wochenende bei Oma.

WOLF, HEXE, RUMPELSTILZCHEN, BÖSE STIEFMUTTER: Wenn wir wieder die Bösen im Märchen sind!

Fortsetzung auf Seite 52

Aufgaben

1. Auf welche Idee kommen die böse Hexe und das Rumpelstilzchen? Antworte in einem Satz.

_____

_____

2. Warum lassen sich die Märchenfiguren am Ende überreden, wieder die Bösen zu spielen? Erkläre mit eigenen Worten.

_____

_____

_____

3. Lest das Stück zur Vorbereitung auf das Spiel mit verteilten Rollen. Sprecht laut und deutlich und haltet euch an die Regieanweisungen.

4. Spielt das Stück vor der Klasse. Lasst euer Spiel mit Hilfe des folgenden Beobachtungsbogens von euren Zuschauern bewerten.
   Tipp: Ihr könnt den Beobachtungsbogen auch für die Bewertung anderer Aufführungen nutzen.

❏ Die Schauspieler haben laut und deutlich gesprochen.	❏ Die Schauspieler haben zwar laut, aber nicht besonders deutlich gesprochen.	❏ Die Schauspieler waren schwer zu verstehen.	❏ Die Schauspieler waren ganz unverständlich.
❏ Die Schauspieler haben immer wieder in Richtung ihres Publikums gespielt.	❏ Die Schauspieler haben nur manchmal in Richtung der Zuschauer gespielt.	❏ Die Schauspieler haben selten in Richtung der Zuschauer gespielt.	❏ Die Schauspieler haben mit dem Rücken zu den Zuschauern gespielt.
❏ Die Schauspieler haben die Regieanweisungen sehr gut umgesetzt.	❏ Die Schauspieler haben ihre Regie- anweisungen nur teilweise beachtet.	❏ Die Schauspieler haben die Regieanweisungen kaum beachtet.	❏ Die Schauspieler haben die Regieanweisungen gar nicht beachtet.
❏ Die Schauspieler haben ihre Texte gut betont.	❏ Die Schauspieler haben ihre Texte meistens gut betont.	❏ Die Schauspieler haben ihre Texte nicht so gut betont.	❏ Die Betonung war unpassend.
❏ Die Schauspieler haben mimisch und gestisch überzeugt.	❏ Die Schauspieler haben mimisch und gestisch nur teilweise überzeugt.	❏ Die Schauspieler haben mimisch und gestisch kaum überzeugt.	❏ Die Schauspieler haben mimisch und gestisch gar nicht überzeugt.

5. Verfasse selbst ein Rollenspiel zu einem Märchen, in dem die böse Figur plötzlich gut ist.

„Der alte Narr" – ein Gedicht zeichnen und spielen

Der alte Narr

Ein Künstler auf dem hohen Seil,
Der alt geworden mittlerweil,
Stieg eines Tages vom Gerüst
Und sprach: Nun will ich unten bleiben
5   Und nur noch Hausgymnastik treiben,
Was zur Verdauung nötig ist.
Da riefen alle: „O, wie schad!
Der Meister scheint doch allnachgrad
Zu schwach und steif zum Seilbesteigen!"
10 Ha!, denkt er, dieses wird sich zeigen!
Und richtig, eh der Markt geschlossen,
Treibt er aufs Neu die alten Possen
Hoch in der Luft, und zwar mit Glück,
Bis auf ein kleines Missgeschick.
15 Er fiel herab in großer Eile
Und knickte sich die Wirbelsäule.
„Der alte Narr! Jetzt bleibt er krumm!"
So äußert sich das Publikum.

Wilhelm Busch

Aufgaben

1. Warum steigt der Künstler noch einmal aufs Seil?
   Erkläre mit eigenen Worten in deinem Heft.

2. Welche Rolle spielt das Publikum in diesem Gedicht?
   Begründe deine Einschätzung in deinem Heft.

3. Erläutere die Überschrift des Gedichts. Schreibe in dein Heft.

53

Fortsetzung auf Seite 54

Aufgaben

4. Unterteile das Gedicht in acht kleine Szenen und zeichne diese Szenen.

5. Beschreibe die Szenen aus Aufgabe 4 in deinem Heft. Beantworte dafür jeweils die folgenden Fragen:
   • Wer ist die Hauptfigur der Szene?
   • Wo spielt die Szene genau?
   • Was passiert in der Szene?
   • Was denken, fühlen oder sagen die Figuren?

6. Spielt die Szenen. Geht so vor:
   • Baut zuerst Standbilder zu den einzelnen Szenen.
   • Lasst die Standbilder dann passende Sätze sprechen.
   • Spielt das Gedicht zum Schluss als szenisches Spiel.

Fortsetzung von Seite 49   **Ein Theaterstück proben und spielen**

RUMPELSTILZCHEN: Vor allem wirst du sie nicht töten müssen!

100 WOLF *(aufgebracht)*: Jetzt hört doch endlich auf! Das ist ja grauenhaft. Gleich verlangt ihr noch von mir, dass ich Rotkäppchen beim Blumenpflücken helfe, anstatt sie aufzufressen!

RUMPELSTILZCHEN und HEXE *(begeistert)*: Das hört sich gut an!

BÖSE STIEFMUTTER *(nickt)*: Langsam lasse ich mich auch von eurer Idee anste-
105 cken. Wolf, überleg mal, das würde dir doch auch Spaß machen, gemeinsam mit einem kleinen Mädchen Blumen zu pflücken und dich einfach nett mit ihm zu unterhalten.

WOLF *(genervt)*: Schluss jetzt! *(blickt eine Weile auf den Boden, dann hebt er wieder den Kopf)* Wenn ich mir natürlich jetzt vorstelle, dass ich hinterher nicht diese
110 bittere Großmutter fressen muss und auch nicht erschossen werde, dann könnte ich mich vielleicht doch mit dem Gedanken anfreunden.

RUMPELSTILZCHEN *(schlägt ihm auf die Schulter)*: Los, Wolf, probier es doch einfach mal aus.

HEXE *(steht auf)*: Also, ich probiere es!

115 BÖSE STIEFMUTTER: Ich auch …

WOLF *(knurrend)*: Mmh, ich weiß nicht.

HEXE: Gib dir einen Ruck.

WOLF *(mürrisch)*: Also gut, aber nur ein einziges Mal, nur zum Ausprobieren!
(Drei Wecker klingeln, Wolf, Hexe und die böse Stiefmutter greifen in ihre Jackentasche
120 *und holen jeder einen Wecker heraus und stellen ihn aus.)*

WOLF *(erhebt sich)*: Ich muss los!

HEXE *(erhebt sich)*: Ich auch.

BÖSE STIEFMUTTER *(erhebt sich)*: Und ich auch.

RUMPELSTILZCHEN: Toi, toi, toi, Leute, viel Spaß als liebe Figur!

125 *(Die drei gehen zur Tür.)*

WOLF: O nein, auf was habe ich mich da bloß eingelassen!
(Die drei gehen hinaus.)

2. Szene

RUMPELSTILZCHEN *(sitzt allein auf dem Hocker und singt)*: Ach wie gut, ach wie gut, dass bald jeder weiß, dass ich ab heute liebes Rumpelstilzchen heiß …

130 *(Stimmen im Eingang)*

RUMPELSTILZCHEN: Da sind sie ja endlich.

HEXE *(kommt herein)*: Ach, war das schön! Ich konnte mich wie eine richtige Oma benehmen. Die Kinder waren so dankbar.

BÖSE STIEFMUTTER *(kommt herein)*: Ich habe mich so gut mit Schneewittchen
135 verstanden. Wir waren zusammen shoppen und ich habe ihr ein richtig schickes Kleid gekauft, in dem sie sehr hübsch aussieht.

WOLF *(kommt herein)*: Leute, Blumen pflücken mit niedlichen Mädchen, das kann echt angenehm sein. Aber am meisten *(er beginnt zu kichern)*, am meisten habe ich über den Jäger gelacht. Der schlich die ganze Zeit um das Haus der Groß-
140 mutter und wunderte sich, dass in dem Bett immer noch die Großmutter lag. Als sie dann endlich wach wurde und ihn einfach entspannt zum Kaffee einlud, da war er ganz verwirrt. Nein, was habe ich gelacht. *(Wolf beginnt ein schallendes Gelächter, in das die anderen Figuren einfallen. Alle setzen sich.)*

          Fortsetzung auf Seite 51

WOLF *(sieht die Hexe grinsend an)*: Das sieht nun nicht gerade nach einer Krise aus, meine liebe Hexe!

50 HEXE *(hält den Finger an die Lippen)*: Pssst, Wolf, hör lieber zu!

RUMPELSTILZCHEN *(lacht)*: Ich habe heute so was Gutes getan, ach, ich bin ein richtig Netter! *(klopft sich selbst auf die Schulter)*

WOLF *(ungeduldig)*: Nun red doch endlich.

RUMPELSTILZCHEN: Also gut. *(Er holt sich einen*
55 *zweiten Hocker heran, auf den er seine Beine legt.)* Ich habe gestern schon mit der Hexe darüber gesprochen, dass ich keine Lust mehr dazu habe, immer nur böse zu sein. Gerade in der heutigen Zeit ist es doch wichtig, dass man nett zueinander ist. Mal
60 ehrlich, Wolf, wie oft soll ich denn noch hingehen und der Müllerstochter das Kind wegnehmen wollen? Jedes Mal zerreißt es mir mehr das Herz, wenn ich sehe, wie verzweifelt sie ist. Das kann man doch nicht immer aushalten!

65 WOLF *(sieht genervt die Hexe an)*: Das kommt mir irgendwie so bekannt vor …

RUMPELSTILZCHEN *(feierlich)*: Und darum habe ich es heute einfach anders gemacht!

WOLF und BÖSE STIEFMUTTER *(springen von den*
70 *Hockern auf)*: Wie bitte?

RUMPELSTILZCHEN: Ja, ich war einfach nett. Was meint ihr, wie schön es war, keine verzweifelte Müllerstochter mehr vor sich zu haben. Das Stroh habe ich ihr einfach so zu Gold gesponnen, als sie fragte,
75 was ich dafür haben will, habe ich ihr weder ihre Halskette noch ihren Ring weggenommen und auch beim dritten Mal, als ich eigentlich hätte ihr Kind verlangen müssen, war meine Antwort: Dafür möchte ich nichts haben, das mache ich doch gern
80 für dich!

WOLF *(aufgebracht)*: Bist du noch zu retten? *(lässt sich rückwärts wieder auf seinen Hocker fallen)*

BÖSE STIEFMUTTER *(setzt sich auch wieder hin)*: Und was passierte dann?

RUMPELSTILZCHEN: Es gab eine wunderschöne Hochzeit und ich konnte ein-
85 fach nach Hause gehen und musste mich nicht selbst zerreißen und im Boden versinken. Merkt ihr, wie entspannt ich jetzt bin? Es ist doch einfach nur gut, ein bisschen nett zu anderen zu sein.

WOLF *(kopfschüttelnd)*: Aber deine Berufsbezeichnung lautet nun einmal: die böse Figur im Märchen „Rumpelstilzchen".

90 RUMPELSTILZCHEN: Wer sich heute in seinem Job behaupten will, der muss auch einmal flexibel sein und neue Wege beschreiten. Das habe ich heute getan und ich bin sehr zufrieden und glücklich.

HEXE *(strahlt ihn an)*: Ich bin stolz auf dich, Rumpelstilzchen. Das ist auch meine Meinung. Ich werde jetzt auch gut zu den Kindern sein, dann geht es mir besser.

95 BÖSE STIEFMUTTER *(zweifelnd)*: Ob ich das vielleicht doch auch einmal ausprobiere? Ich könnte meine Eifersucht Schneewittchen gegenüber vergessen und einfach eine liebe Stiefmutter sein. Dann muss sie auch nicht durch den dunklen Wald laufen und bei den Zwergen leben.

Fortsetzung auf Seite 50

Werkstätten zum Thema „Sommer"

Die folgenden Werkstätten zum Thema „Sommer" (Seite 55 bis 59) bilden ein größeres Projekt. Ihr könnt zuerst selbst ein Sommergedicht verfassen und zu euren Gedichten Bilder malen. Im Anschluss könnt ihr wählen, ob ihr ein Gedicht als Standbild oder als Rollenspiel darstellen wollt.

Aufgabe

Literaturwerkstatt

1. Verfasse dein persönliches Sommergedicht. Gehe so vor:
   - Notiere, welche Vorstellungen du mit der Jahreszeit „Sommer" verbindest.
   - Versetze dich in eine bestimmte Situation und schreibe auf, was du siehst, hörst, riechst und fühlst.
   - Verfasse nun dein eigenes Gedicht. Du kannst zum Beispiel ein Elfchen schreiben. Du kannst deine Gedanken aber auch einfach in Versen (= Zeilen) untereinanderschreiben.

Elfchen	Beispiel:
1. Zeile: 1 Wort	Wiese
2. Zeile: 2 Wörter (z. B. Wort + Eigenschaft)	saftig grün
3. Zeile: 3 Wörter (z. B. Ort oder Handlung)	lädt mich ein
4. Zeile: 4 Wörter (Was kann ich dazu erzählen?)	barfuß spazieren zu gehen
5. Zeile: 1 Wort (ein Gefühl)	Weichheit

55

Fortsetzung auf Seite 56

Aufgabe

Künstlerwerkstatt

2. Zeichne oder male ein Bild zu deinem Sommergedicht. Gehe so vor:
   - Lies dir dein Gedicht noch einmal durch.
   - Versetze dich in die Stimmung deines Gedichts oder in die Situation, die du beschreibst.
   - Notiere die Bilder und Vorstellungen, die beim Lesen des Gedichts vor deinem Auge entstehen.
   - Versuche nun, deine Vorstellungen in einem Bild umzusetzen. Wähle dazu Farben, die zu deiner Vorstellung oder deiner Stimmung passen (zum Beispiel helle und freundliche Farben für eine heitere Stimmung oder dunkle Farbtöne für eine düstere Stimmung).

   Tipps:
   - Die Maltechnik steht dir frei: Du kannst Holzfarbstifte, Pinsel und Malkasten usw. verwenden. Du kannst aber auch gepresste Blumen oder aus Zeitungen ausgeschnittene Motive aufkleben.
   - Gestalte dein Bild in Postkartengröße. Dann kannst du es als Sommergruß verschicken.

Theaterwerkstätten: Vorbereitungen und Tipps für ein Rollenspiel oder ein Standbild

3. Trefft Vorbereitungen für euer Spiel. Geht so vor:
   - Wählt einen Spielleiter, der euch
     - bei der Zeiteinteilung,
     - bei der Probephase,
     - bei der Durchführung des Rollenspiels oder des Standbildes (= Präsentationsphase) und
     - bei der anschließenden Reflexion des Spiels
     unterstützt.
   - Schließt euch in Gruppen mit fünf bis sechs Personen zusammen.
   - Vergleicht eure Sommergedichte und entscheidet euch für ein Sommergedicht, das ihr entweder
     - in einem kleinen Rollenspiel (Theaterwerkstatt I, für längere Gedichte) oder
     - in einem Standbild (Theaterwerkstatt II, für kurze Gedichte)
       vorstellt.
   - Bearbeitet die Aufgaben zu Theaterwerkstatt I oder II.

Tipps zur Präsentation der Rollenspiele und Standbilder:
   - Denkt an eine ausdrucksstarke Mimik und Gestik.
   - Stellt euch das Gedicht in Bildern vor. Betrachtet noch einmal eure eigenen Bilder aus Aufgabe 2.
   - Gestaltet eure Bühne so, dass sie zu eurem Spiel passt. Ihr könnt zum Beispiel Stühle in einer bestimmten Anordnung aufstellen oder farbige Papiere, Tücher und Kleidungsstücke einsetzen.
   - Stellt eure Rollenspiele oder Standbilder im Rahmen einer Aufführung der Klasse vor.
   - Schiebt die Tische an den Rand des Klassenzimmers und stellt eure Stühle im Halbkreis auf (wenn nötig in zwei Reihen hintereinander), sodass alle Schülerinnen und Schüler einen guten Blick auf das „Bühnengeschehen" haben.
   - Achtet auf eine ansprechende Lichtregie. Dunkelt das Klassenzimmer ab und schaltet zum Beispiel nur das Tafellicht ein oder beleuchtet die Spielszene mit dem Tageslichtprojektor. Der Zuschauerbereich bleibt dunkel.
   - Wählt einen Moderator, der die Erzähler und Schauspieler der einzelnen Gruppen vorstellt.

Fortsetzung auf Seite 57

Aufgaben

Theaterwerkstatt I: Rollenspiele

4. Gestaltet Rollenspiele zu euren Gedichten. Geht so vor:
    *   Lest euch in den Gruppen das ausgewählte Gedicht noch einmal genau durch.
    *   Überlegt, wie sich das Gedicht in einem „Rollenspiel" darstellen lässt:
        *   *Wie lässt sich darstellen, was ihr riecht?*
        *   *Wie lässt sich darstellen, was ihr fühlt?*
        *   *Wie lässt sich darstellen, was ihr hört?*
        *   *Wie lässt sich darstellen, was ihr seht?*
        *   *Wie lässt sich darstellen, dass sich etwas bewegt?*
        *   *Wie lässt sich darstellen, was ihr denkt?*
        *   ...

    Tipp: Ahmt mit Musikinstrumenten oder anderen Hilfsmitteln die Geräusche des Sommers nach.
    *   Wählt einen Erzähler, der das Gedicht langsam (Sprechpausen!) und gut betont vorträgt.
    *   Stellt das Gedicht im Rollenspiel dar, während der Erzähler das Gedicht vorträgt.

5. Besprecht die Rollenspiele aus der Sicht der Schauspieler (Rollenreflexion) und aus der Sicht
    der Zuschauer (Beobachterreflexion).
    Begründet eure Feststellungen.

    > **Rollenreflexion:**
    > *   Welche Erfahrungen habt ihr bei den Rollenspielen gemacht?
    > *   Welche Gedichtteile waren besonders schwer darzustellen?
    > *   Wie gefällt euch die szenische Umsetzung eines selbst verfassten Gedichts?
    > *   Meint ihr, es wäre einfacher gewesen, das Gedicht eines bekannten Dichters darzustellen?
    >
    > **Beobachterreflexion:**
    > *   Welche Rollenspiele zeigten am anschaulichsten, worum es in dem Gedicht geht?
    > *   Welche Schauspieler haben ihr Gedicht am ausdrucksvollsten dargestellt?
    > *   Welchem Erzähler konnte man besonders gut folgen?

Aufgaben

Theaterwerkstatt II: Standbilder

6. Gestaltet Standbilder zu euren Gedichten. Geht so vor:
   - Lest euch in den Gruppen das ausgewählte Gedicht noch einmal genau durch.
   - Überlegt, wie sich das Gedicht oder der Teil eines Gedichts in einem Standbild darstellen lässt:
     – Stellt euch das Gedicht in einzelnen Bildern vor.
     – Betrachtet noch einmal eure selbst gemalten Bilder aus Aufgabe 2.
   - Besprecht vor Spielbeginn außerdem folgende Fragen:
     – Welche Aussage soll euer Standbild den Beobachtern vermitteln?
     – Wie könnt ihr eine bestimmte Sommerstimmung zum Ausdruck bringen?
     – Mit welcher Haltung, mit welcher Mimik und Gestik vermittelt ihr die Aussage und die Stimmung am besten?
     – Wie viele Personen sind für euer Standbild nötig?
   - Bestimmt einen Hauptspieler, der das Standbild so formt, wie ihr es zuvor besprochen habt.

7. Stellt euer Standbild den Beobachtern (Zuschauern) vor. Geht dabei so vor:
   - Der in Aufgabe 3 gewählte Spielleiter stellt den Beobachtern Fragen, zum Beispiel:
     – Welchen Aspekt des Sommers drückt das Standbild aus?
     – Worum könnte es in dem zugrunde liegenden Gedicht gehen?
     – Welche Aussage soll das Standbild vermitteln?
     – Der Hauptspieler geht auf die Aussagen der Beobachter ein und beantwortet auch ihre Fragen.
     – Anschließend liest der Hauptspieler das zugrunde liegende Gedicht ausdrucksvoll betont vor und erläutert das Standbild aus der Sicht der darstellenden Gruppe.

8. Nach der Vorstellung aller Standbilder regt der Spielleiter zu einer Abschlussdiskussion zwischen den Spielern und Beobachtern an. Dabei wird auch die Frage geklärt, welches Standbild eine sommerliche Stimmung am eindringlichsten zum Ausdruck gebracht hat. Die Spieler können sich an dieser Stelle auch zu ihren Gefühlen während der Standbild-Vorführung äußern.

Fortsetzung auf Seite 59

Aufgaben

Musikwerkstatt

9. Fragt euren Musiklehrer nach Musik zur Jahreszeit „Sommer", zum Beispiel nach Antonio Vivaldis „Die vier Jahreszeiten", oder besorgt selbst Songs zum Thema „Sommer".

10. Wählt einen Spielleiter, der euch
    – bei der Zeiteinteilung,
    – bei der Probephase,
    – bei der Durchführung der Rollenspiele (= Präsentationsphase) und
    – bei der anschließenden Reflexion
    unterstützt.

11. Schließt euch in Gruppen von fünf bis sechs Personen zusammen und verteilt eure Gruppen in verschiedene Ecken des Klassenzimmers. Probt möglichst leise, sodass ihr die anderen nicht stört.

12. Entscheidet euch für ein Musikstück, das sich für eine szenische Umsetzung eignet.

13. Hört euch die Musik an und bearbeitet dann eine oder zwei der folgenden Aufgaben, je nachdem, welche Aufgaben eurer Ansicht nach am besten zu eurem Musikstück passen. Denkt dabei an das Thema „Sommer".

Aufgaben

A Versucht, die Musik durch körperliche Bewegungen auszudrücken. Entwickelt einen Tanz, der zum Rhythmus der Musik passt. Probt verschiedene Tanzschritte und bestimmte Schrittfolgen.

B Überlegt nach dem Anhören der Musik, an welche Haltung, Stimmung oder Situation sie euch erinnert. Sucht entsprechende Körperhaltungen und präsentiert diese anschließend vor der Klasse.

C Baut ein Standbild, das die Situation und die Stimmung sichtbar macht, um die es in der Musik geht. Wenn jemand während des Baus das Gefühl hat, dass das Bild nicht mehr passt, ruft er „stopp!", begründet sein Gefühl und verändert das Bild gemäß seiner Vorstellung. Die Musik wird währenddessen unterbrochen.

D Wenn es sich um einen Song handelt, den ihr kennt, dann geht herum und singt oder summt das Lied unterschiedlich laut und gefühlvoll: aggressiv, zärtlich, fröhlich, traurig usw. Ihr könnt allein oder auch im Chor singen.

---

14. Besprecht eure Darstellung abschließend mit euren Zuschauern.

„Er ist's" von Eduard Mörike – ein Rollenspiel

Eduard Mörike (1804 bis 1875) beschreibt in seinem Gedicht den Beginn des Frühlings. Mit seinen sprachlichen Bildern verweist Mörike auf Erscheinungen in der frühlingshaften Natur und spricht zugleich verschiedene Sinne an.

Er ist's
Frühling lässt sein blaues Band
Wieder flattern durch die Lüfte;
Süße, wohlbekannte Düfte
Streifen ahnungsvoll das Land.
5 Veilchen träumen schon,
Wollen balde kommen.
– Horch, von fern ein leiser Harfenton!
Frühling, ja du bist's!
Dich hab ich vernommen!

Eduard Mörike

Aufgabe

1. Ergänze die Tabelle.
   • Welche Erscheinungen in der Natur sind mit dem sprachlichen Bild gemeint?
   • Welche Sinne (Hören, Sehen, Riechen, Fühlen) werden angesprochen?

Sprachliches Bild	Bezug zur Natur	Wahrnehmung durch die Sinne
blaues Band		
süße, wohlbekannte Düfte		
Veilchen träumen		
Harfenton		

Fortsetzung auf Seite 61

Aufgaben

2. Trefft Vorbereitungen für euer Spiel. Geht so vor:
   - Schließt euch in Gruppen von fünf bis sechs Personen zusammen.
   - Wählt einen Spielleiter, der euch
     - bei der Zeiteinteilung,
     - bei der Probephase,
     - bei der Durchführung des Rollenspiels (= Präsentationsphase) und
     - bei der anschließenden Reflexion des Spiels
     unterstützt.
   - Lest euch das Gedicht noch einmal durch.
   - Überlegt, wie sich das Gedicht in einem Rollenspiel darstellen lässt.
   - Wählt einen Erzähler, der das Gedicht langsam (Sprechpausen!) und gut betont vorträgt.
   - Die übrigen Gruppenmitglieder sind Schauspieler. Sie stellen das Gedicht im Rollenspiel dar, während der Erzähler das Gedicht vorträgt.
   - Denkt an eine ausdrucksstarke Mimik und Gestik.
   - Probt möglichst leise, damit die anderen Gruppen nicht gestört werden.

   Tipps zur Präsentation der Rollenspiele
   - Stellt eure Rollenspiele im Rahmen einer Aufführung der Klasse vor.
   - Schiebt die Tische an den Rand des Klassenzimmers und stellt eure Stühle im Halbkreis auf (wenn nötig in zwei Reihen hintereinander), sodass alle Schülerinnen und Schüler einen guten Blick auf das „Bühnengeschehen" haben.
   - Achtet auf eine ansprechende Lichtregie. Dunkelt das Klassenzimmer ab und schaltet zum Beispiel nur das Tafellicht ein oder beleuchtet die Spielszene mit dem Tageslichtprojektor. Der Zuschauerbereich bleibt dunkel.
   - Wählt einen Moderator, der die Erzähler und Schauspieler der einzelnen Gruppen vorstellt.

3. Überlegt im Anschluss an die Vorstellungen gemeinsam, was Eduard Mörike mit seinem Gedicht ausdrücken wollte.

4. Besprecht die Rollenspiele aus der Sicht der Schauspieler (Rollenreflexion) und aus der Sicht der Zuschauer (Beobachterreflexion).
   Begründet eure Feststellungen.

Rollenreflexion:
- Welche Erfahrungen habt ihr bei den Rollenspielen gemacht?
- Welche Gedichtteile waren besonders schwer darzustellen?
- Wie gefällt euch die szenische Umsetzung eines Gedichts?

Beobachterreflexion:
- Welche Rollenspiele zeigten am anschaulichsten, worum es in dem Gedicht geht?
- Welche Schauspieler haben das Gedicht am ausdrucksvollsten dargestellt?
- Welchem Erzähler konnte man besonders gut folgen?

Augentheater

Redewendungen wie „wenn Blicke töten könnten" oder „ein vielsagender Blick" zeigen, dass wir mit den Augen nicht nur sehen, sondern auch etwas ausdrücken können. Hier kannst du mit deinen Augen sogar ein Gedicht deuten.

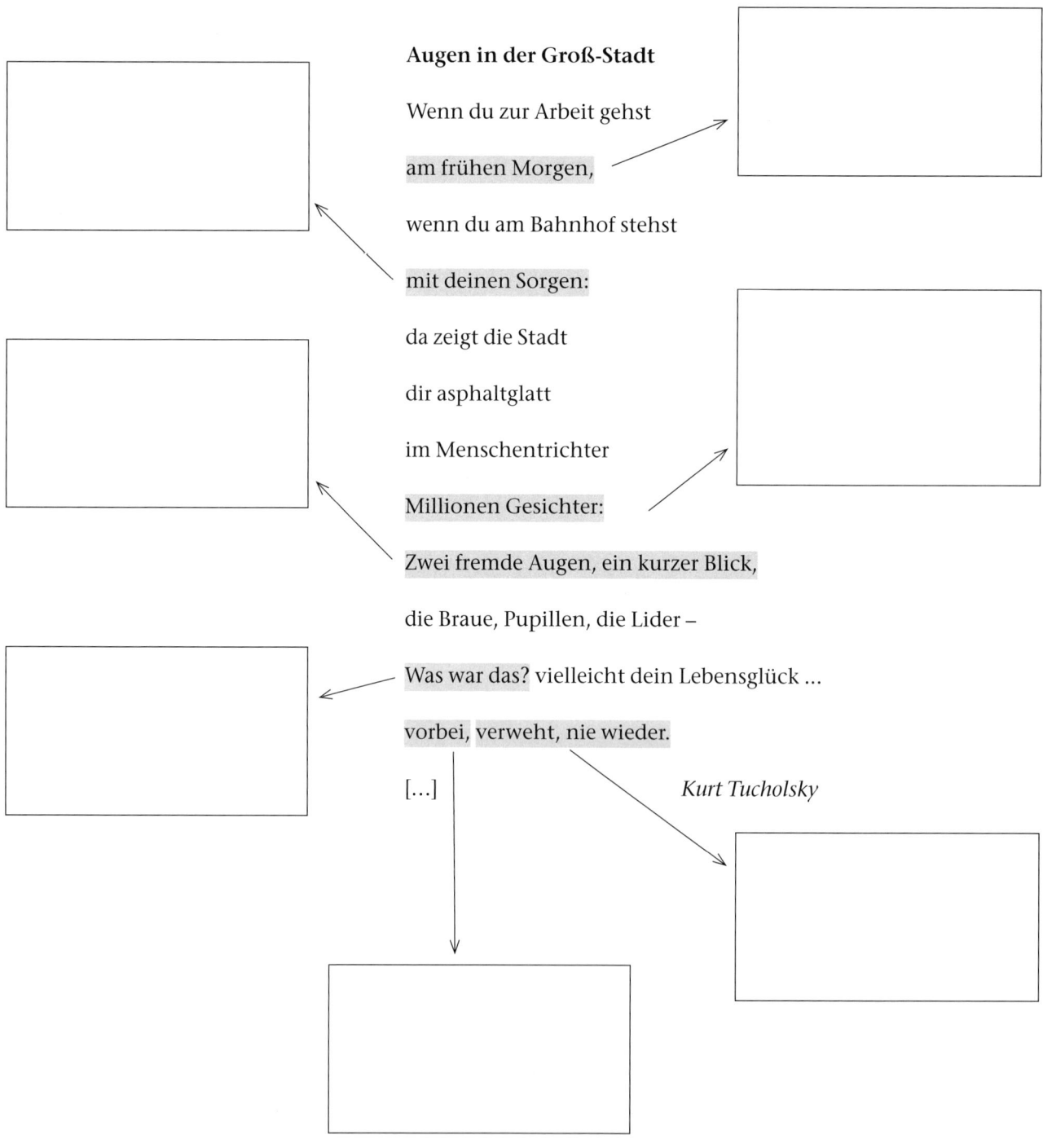

Augen in der Groß-Stadt

Wenn du zur Arbeit gehst

am frühen Morgen,

wenn du am Bahnhof stehst

mit deinen Sorgen:

da zeigt die Stadt

dir asphaltglatt

im Menschentrichter

Millionen Gesichter:

Zwei fremde Augen, ein kurzer Blick,

die Braue, Pupillen, die Lider –

Was war das? vielleicht dein Lebensglück ...

vorbei, verweht, nie wieder.

[...]   *Kurt Tucholsky*

1. Zeichne zu jeder markierten Textstelle den passenden Blick in das vorgesehene Kästchen.

2. Führt das Gedicht zu zweit auf. Einer stellt das Gedicht mimisch dar, der andere liest das Gedicht vor.

62

Ein Märchen in eine Szene umschreiben

Kurze Erzählungen, zum Beispiel Märchen oder Fabeln, eignen sich sehr gut, um daraus eigene Szenen zu schreiben.

Aufgaben

1. Lies zuerst das Märchen der Brüder Grimm und dann den Beginn der Szene.

Der alte Großvater und der Enkel

Es war einmal ein steinalter Mann, dem waren die Augen trüb geworden, die Ohren taub, und die Knie zitterten ihm. Wenn er nun bei Tische saß und den Löffel kaum halten konnte, schüttete er Suppe auf
5 das Tischtuch, und es floss ihm auch etwas wieder aus dem Mund. Sein Sohn und dessen Frau ekelten sich davor, und deswegen musste sich der alte Großvater endlich hinter den Ofen in die Ecke setzen, und sie gaben ihm ein hölzernes Schüsselchen und noch
10 nicht einmal satt; da sah er betrübt nach dem Tisch, und die Augen wurden ihm nass. Einmal auch konnten seine zittrigen Hände das Schüsselchen nicht festhalten, es fiel zur Erde und zerbrach. Die junge Frau schalt, er sagte aber nichts und seufzte nur.

Da kaufte sie ihm ein hölzernes Schüsselchen für ein 15 paar Heller, daraus musste er nun essen.
Wie sie so dasitzen, so trägt der kleine Enkel von vier Jahren auf der Erde kleine Brettlein zusammen. „Was machst du da?", fragte der Vater. „Ich mache ein Tröglein", antwortete das Kind, „daraus sollen Vater 20 und Mutter essen, wenn ich groß bin." Da sahen sich der Mann und die Frau eine Weile an, fingen endlich an zu weinen, holten alsofort den alten Großvater an den Tisch und ließen ihn von nun an immer mitessen, sagten auch nichts, wenn er ein wenig ver- 25 schüttete.

Jakob und Wilhelm Grimm

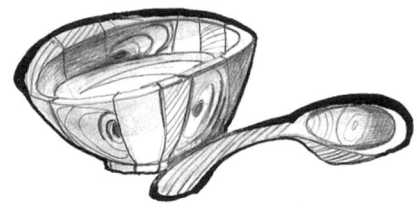

Szene: Der alte Großvater und der Enkel

Bühne: eine Küche mit einem gedeckten Tisch und Stühlen, ein Ofen mit einer Bank davor
Figuren: Großvater, Mann, Frau, Kind

Frau *(laut)*: Das Essen ist fertig, bitte kommt an den Tisch!
Großvater, Mann und Kind kommen in die Küche und setzen sich an den Tisch.
5 **Frau** *(nimmt den Teller des Großvaters)*: Opa, ich gebe dir deine Suppe, deine Hand zittert ja schon wieder so.
Großvater: Danke, Schwiegertochter.
Frau: Bitte schön, Opa. *(Sie füllt auch die übrigen Teller mit Suppe.)*
Mann *(feierlich)*: Guten Appetit!
(Alle nehmen ihren Löffel und beginnen zu essen.)
10 **Großvater** *(nimmt einen Löffel Suppe)*: Hm, das riecht gut! *(verschüttet die Suppe)*
Frau *(vorwurfsvoll)*: Aber Opa, nicht schon wieder! Gestern …

2. Schreibe die angefangene Szene zu Ende. Füge dabei auch Regieanweisungen ein.

3. Spielt eure selbst geschriebenen Szenen.

63

Das Mädchen Pia

Aufgabe

1. Lies die Tagebucheinträge auf dieser und den beiden nächsten Seiten. Markiere dabei alle handelnden Personen rot und unterstreiche die wörtliche Rede.

13. März

Liebes Tagebuch, die Stadt, in der wir heute Morgen angekommen sind, gefällt mir sehr gut. Hier bleiben wir für die nächsten Aufführungen. Doch seit heute Mittag geht es mir nicht mehr sehr gut. Ich hatte den
5 ersten Schultag in der Realschule, in die ich so lange gehen werde, wie unser Zirkus hier gastiert. Der Klassenlehrer ist sehr nett und er stellte mich der Klasse vor. Doch gleich gab es ein lautes Getuschel und Gekicher. „Noch nie was von Markenjeans gehört?",
10 rief ein blonder Junge. Das sollte wohl eine Anspielung auf meine bunte Hose sein. Meine Mutter hat sie mir genäht und in anderen Städten hat sich noch nie jemand darüber lustig gemacht. Die ganze Klasse begann zu lachen. „Und schau dir mal die Haarfarbe
15 an", hörte ich ein Mädchen in der letzten Reihe flüstern. Einige Mädchen begannen zu kichern. Was haben sie bloß gegen meine roten Haare? Gut, ich habe sie gefärbt, aber das ist wichtig, schließlich trete ich einmal am Abend als jonglierender Clown auf, zu-
20 sammen mit Alfred, dem Hauptclown. Damit ich mir nicht immer alle Haare unter eine Perücke stecken muss, haben wir sie einfach gefärbt. Aber dass man dafür ausgelacht wird, das habe ich bisher noch nicht erlebt. Am besten erzähle ich keinem aus der
25 Klasse, dass ich zum Zirkus gehöre. Dann lachen sie nur noch mehr.

14. März

Heute war es noch schlimmer in der Schule. In der großen Pause auf dem Schulhof haben die Jungen mich umringt und immer „Rote Zora", gerufen, so was Albernes. Ich habe erst versucht, mich zu weh- 30 ren, aber das war vergeblich. Da kam plötzlich ein Junge aus der Parallelklasse an und rief: „Was seid ihr denn für Feiglinge? Wollt ihr zu viert auf ein Mädchen losgehen?" Da hörten sie auf. Ich bedankte mich bei dem Jungen und fragte ihn nach seinem 35 Namen. Er heißt Patrick. Wir haben uns noch ein wenig unterhalten. Er hat sich wenigstens nicht über mich lustig gemacht.

15. März (mittags)

Als ich heute von der Schule nach Hause ging, kam ich auf dem Waldweg zur Zirkuswiese an zwei Mäd- 40 chen aus meiner Klasse vorbei. Sie unterhielten sich darüber, dass sie abends zu unserem Zirkus gehen wollten. Dann bemerkten sie mich. „Gehst du heute auch zum Zirkus?", wollten sie wissen. „Ja", antwortete ich wahrheitsgetreu. Schließlich habe ich ja 45 meine Vorstellung. Aber das konnten die Mädchen ja nicht wissen. „Dann würde ich mir aber mal eine ordentliche Hose kaufen", lachte die eine. Ich wurde wütend und sagte: „Das ist doch meine Sache!" „Klar", meinte die eine spöttisch, „natürlich ist es 50 deine Sache. Ich würde nicht so rumlaufen!" „So hast du keine Chance bei den Jungs", lachte die andere. „Es gibt Jungen, denen ist so was egal", konterte ich und dachte an Patrick. Die beiden lachten. Es gab noch einen kleinen Wortwechsel zwischen 55 uns, dann ließ ich die blöden Gänse einfach stehen.

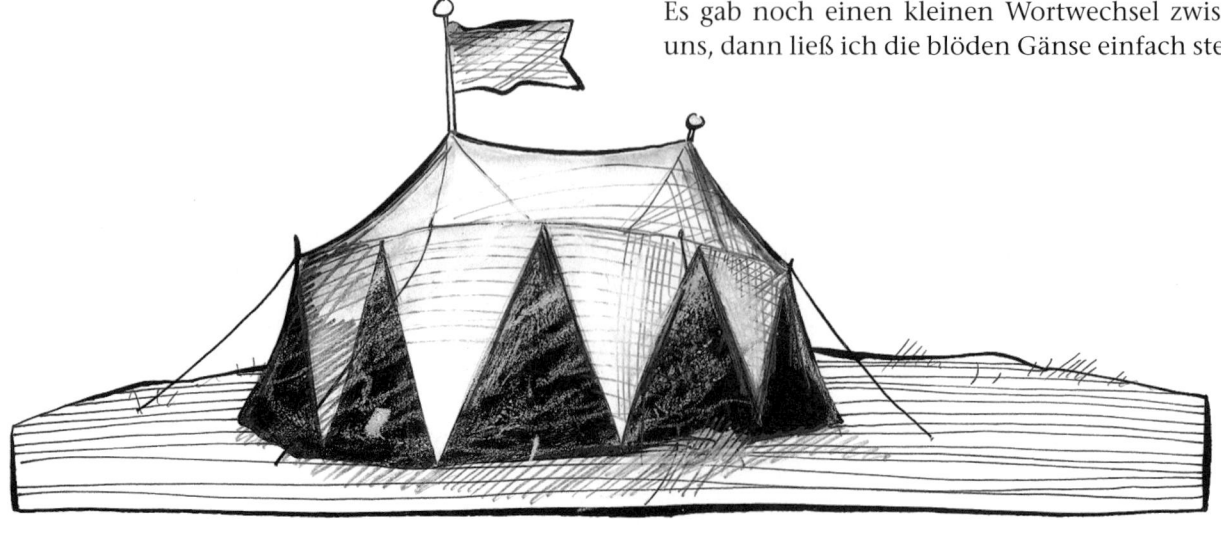

Fortsetzung auf Seite 65

Fortsetzung von Seite 64

Das Mädchen Pia

15. März (nachmittags)

Eben habe ich mich mit Alfred, dem Clown, unterhalten. Er war schon im Kostüm und schimpfte, dass ich noch nicht fertig angezogen war. Ich erklärte
60 ihm, dass es mir nicht so gut geht und dass ich eigentlich gar keine Lust habe, heute aufzutreten. Ich habe solche Angst, dass die Klassenkameraden dann noch mehr über mich lachen. Aber Alfred tröstete mich, er meinte, dass mich doch in meinem Clowns-
65 kostüm keiner erkennen kann, und wenn, so sagte er, dann hätten die anderen aus der Klasse wohl allen Grund, stolz zu sein. Jetzt lasse ich mich überraschen. Wie die Aufführung wohl gleich sein wird?

15. März (nach der Aufführung)

Hallo Tagebuch, die Aufführung war wirklich toll.
70 Die meisten aus meiner Klasse saßen ganz vorne. Ich konnte sie gut sehen, ich weiß aber nicht, ob sie mich erkannt haben. Auf jeden Fall haben sie die ganze Zeit applaudiert, besonders, als ich meine Jonglierkünste gezeigt habe. Jetzt bin ich wirklich gespannt,
75 was sie morgen in der Schule zu mir sagen. Besonders gefreut habe ich mich darüber, dass nach der Zirkusvorstellung plötzlich Patrick vor unserem Wohnwagen stand. Er sagte mir, dass ihm die Vorführung gut gefallen habe. Ich fragte, wie er mich denn erkannt
80 hat. „Die roten Haare sind doch unverkennbar", lächelte er. Den Patrick finde ich echt klasse, ich glaube, ich bin ein bisschen verliebt. Schade, dass wir bald weiterreisen.

16. März

Ach, Tagebuch, ich hätte es mir ja denken können.
85 Niemand hat mich erkannt. In der Schule haben sich die Klassenkameraden heute über die Zirkusvorstellung unterhalten. „Hast du auch zugesehen?", fragten sie mich. Ich schüttelte den Kopf, ich war so verwirrt. Hatten sie mich tatsächlich nicht erkannt?
90 Dann fingen die Jungen schon wieder an zu lästern und meinten, mit der Haarfarbe hätte mich eh keiner ins Zelt gelassen. Nur Melanie sah mich so nachdenklich an und meinte: „Der kleine Clown hatte auch so rote Haare."
95 Nach der Schule war es schön, Patrick kam zu mir und lud mich zum Eisessen ein. Darüber habe ich mich wirklich gefreut. Morgen treffen wir uns in der Eisdiele.

17. März

Hallo Tagebuch, ich muss mich beeilen, denn gleich ist wieder eine Aufführung, aber ich möchte schnell 100 noch schreiben, dass ich einen ganz tollen Nachmittag hatte. Ich war mit Patrick Eis essen. Er ist wirklich total nett und er ist sehr traurig, dass wir am Montag schon weiterreisen müssen. Er hat mir seine Adresse gegeben und will mich in den Ferien besuchen kom- 105 men. Während wir uns unterhielten, kamen zwei Jungen aus meiner Klasse in die Eisdiele. Sie grinsten und machten wieder Witze über meine roten Haare. Aber Patrick ist ganz cool geblieben und meinte, sie wären ja nur neidisch, dass er mit dem interessantes- 110 ten Mädchen der Schule in der Eisdiele sitzt und nicht sie. Da klopfte mir das Herz bis zum Hals. Und die Jungen wurden ganz verlegen und sind schnell gegangen.

Fortsetzung auf Seite 66

Fortsetzung von Seite 65

Das Mädchen Pia

18. März

115 Heute war vielleicht was los in der Schule. Es war der erste Vormittag, an dem mich keiner ärgerte. Sogar die Mädchen hielten ihren Mund. Da kam unser Lehrer und teilte der Klasse mit, dass Angelika krank geworden ist. Das ist sehr schade, denn am Montag
120 soll das Schulfest stattfinden, bei dem jede Klasse einen Programmpunkt hat. Unsere Klasse wollte ein Lied singen, mit Angelika als Solosängerin. Der Lehrer fragte, ob es die Möglichkeit gibt, dass jemand anderes aus der Klasse etwas vorführt. Dabei schaute
125 er schon in meine Richtung. Er weiß ja, dass ich vom Zirkus komme. Ja, und dann, ohne richtig nachzudenken, hörte ich mich selbst plötzlich sagen: „Ich könnte einen Clown spielen." Es war eine ganze Weile ganz still in der Klasse, dann fingen plötzlich alle
130 an zu lachen. „Ja, warum nicht, die roten Haare hast du ja schon", lachte einer der Jungen. „Dann geh aber mal zum Zirkus und schau dir die Vorstellung an, da kannst du noch eine Menge lernen", grinste eines der Mädchen. Der Lehrer blieb ernst. „Ich dan-
135 ke dir, damit rettest du den Vortrag der Klasse", sagte er zu mir. Nach der Stunde gab es einen richtigen Tumult in der Klasse. Keiner konnte sich so richtig vorstellen, warum ich mich gemeldet hatte. Als ich auf der Toilette war, hörte ich zwei Mädchen aus mei-
140 ner Klasse lästern: „Was die sich einbildet. Kommt hier hin, passt nicht zu uns, trägt komische Sachen, hat eine auffällige Haarfarbe und jetzt will sie auch noch auftreten." Da stieg eine Wut in mir hoch. Na wartet, jetzt zeige ich es euch! Danach bin ich sowie-
145 so weg, denn am Montagabend werden wir mit dem Zirkuswagen in die nächste Stadt fahren.

21. März

Liebes Tagebuch, ich bin so glücklich! Es war so toll! Ich habe einen riesigen Applaus von meiner Klasse bekommen. Vorher haben alle getuschelt und gekichert, besonders, als ich noch nicht umgezogen war. 150 Aber dann wurde der Auftritt unserer Klasse angekündigt: „Und hier ist Pia aus der 6a als jonglierender Clown." Auch jetzt gab es eher Getuschel als Applaus. Aber als ich dann durch den Vorhang ging, war es plötzlich ganz still. Meine Mitschülerinnen 155 und Mitschüler starrten mit offenem Mund auf die Bühne. Nun schienen sie den Clown aus dem Zirkus erkannt zu haben. Und dann kam mein Auftritt. Ich spielte und jonglierte wie immer, so, als stünde ich in unserem Zirkuszelt. In Wahrheit war ich diesmal vor 160 der Klasse viel aufgeregter als sonst vor ein paar hundert Leuten. Als mein Auftritt zu Ende war, war es einen Moment lang ganz still. Dann brach ein lauter Jubel und ein tosender Applaus los, am lautesten war dabei meine eigene Klasse. Sie riefen meinen Namen: 165 „Pia, Pia!" und „Zugabe, Zugabe!" Die Zugabe bekamen sie auch. Danach wurde ich plötzlich von allen aus der Klasse umringt. „Du warst der tolle Clown aus dem Zirkus!" „Mensch, Pia, super, wir wussten doch gleich, dass wir uns auf dich verlassen kön- 170 nen." „Deine roten Haare, ich habe mir von Anfang an gedacht, dass du zu dem Zirkus gehörst!" Diese plötzlichen Lobeshymnen wurden mir zu viel. Plötzlich waren sie nett zu mir. „Zu spät", dachte ich und lief zu Patrick. Er brachte mich zum Zirkuswagen. 175 Hier haben wir uns eben verabschiedet. „Denen hast du es aber noch einmal richtig gezeigt", lobte er mich. Wir versprachen uns, dass wir uns schreiben, und in den Sommerferien wird Patrick mich besuchen. Die anderen aus der Klasse wären jetzt sicher 180 netter zu mir. Aber das ist zu spät. Denn gerade riefen mich meine Eltern. Wir fahren ab.

Fortsetzung auf Seite 67

　　　　　　　　　Das Mädchen Pia

Aufgaben

2. Schreibe eine Besetzungsliste, in der du alle Personen aufführst, die in den Tagebucheinträgen genannt werden.

Besetzungsliste:

3. Verfasst zu den einzelnen Tagebucheinträgen gemeinsam Theaterszenen. Geht so vor:
   • Übernehmt die folgenden Schauplätze und denkt euch zu jedem Schauplatz eine Szene aus.

Schauplätze:
   – Im Wohnwagen
   – Im Klassenzimmer
   – Auf dem Schulhof
   – Im Wald
   – Zu Hause vor dem Zirkuszelt (Gespräch mit Alfred, dem Clown)
   – Im Zirkuszelt – Vorführung von Pia, Klassenkameraden im Publikum
   – Im Klassenzimmer am nächsten Morgen
   – In der Eisdiele
   – Im Klassenzimmer (Klassenkameradin krank, Pia springt ein, Gelächter)
   – Die Schulaula – Aufführung! (alle begeistert, wollen Pia danken)
   – Platz, wo der Zirkus stand (die Klasse will zu Pia, die Wagen sind weg)

   • Verwendet die wörtliche Rede aus den Tagebucheinträgen.
   • Denkt euch weitere Dialoge aus.
   • Fügt Regieanweisungen in eure Szenen ein.
   • Schreibt eure Szenen am PC, dann könnt ihr sie beliebig oft vervielfältigen
     und für die Proben verwenden.

4. Erfindet eine Schlussszene: Die Mitschülerinnen und Mitschüler wollen Pia besuchen, entdecken aber, dass sie schon abgereist ist.

5. Gestaltet das Bühnenbild. Bemalt dazu leere Dias mit Folienstiften.
   Bei der Aufführung verwendet ihr dann eine Leinwand, auf die man von hinten projizieren kann.
   So erscheinen für jede Szene die entsprechenden Schauplätze auf der Leinwand.
   Ihr könnt auch Folien bemalen und einen Overheadprojektor verwenden.

Einen Auszug aus einem Jugendroman in eine Szene umschreiben

Tintenherz

Es dämmerte gerade erst, als Meggie aus dem Schlaf fuhr. Über den Feldern verblasste die Nacht, als hätte der Regen den Saum ihres Kleides ausgewaschen. Auf dem Wecker war es kurz vor fünf und Meggie wollte
5 sich gerade auf die Seite drehen und weiterschlafen, als sie plötzlich spürte, dass jemand im Zimmer war. Erschrocken setzte sie sich auf und sah Mo vor ihrem offenen Kleiderschrank stehen.
„Morgen!", sagte er, während er ihren Lieblingspull-
10 over in einen Koffer legte. „Tut mir leid, ich weiß, es ist sehr früh, aber wir müssen verreisen. Wie wär's mit Kakao zum Frühstück?" Meggie nickte schlaftrunken. Draußen zwitscherten die Vögel so laut, als wären sie schon seit Stunden wach.
15 Mo warf noch zwei von ihren Hosen in den Koffer, klappte ihn zu und trug ihn zur Tür. „Zieh dir etwas Warmes an", sagte er. „Es ist kühl draußen."
„Wohin verreisen wir?", fragte Meggie, aber er war schon verschwunden.

Cornelia Funke

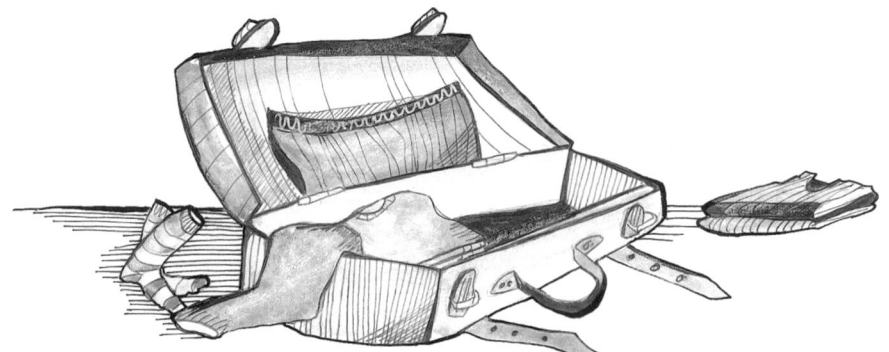

Aufgaben

1. Bereite die Umarbeitung des Textausschnittes vor.
   Gehe so vor:
   - Unterstreiche die handelnden Figuren blau.
   - Unterstreiche die wörtliche Rede für die Dialoge rot.
   - Unterstreiche Angaben, die du für Regieanweisungen verwenden kannst, grün.
   - Unterstreiche Angaben, die du für die Bühnengestaltung und die Requisiten verwenden kannst, schwarz.
   - Markiere Angaben zu möglichen Bandeinspielungen (zum Beispiel Vogelgezwitscher).

2. Schreibe den Text nun mit Hilfe deiner Markierungen aus Aufgabe 1 in eine Theaterszene um.
   Einen möglichen Anfang findest du hier:

   Kinderzimmer von Meggie, es ist halbdunkel. Meggie liegt im Bett, auf dem Nachttisch steht
   ein Wecker, auf dem es fünf Uhr ist.
   Mo tritt leise ins Zimmer und geht zum Kleiderschrank.
   Meggie fährt aus dem Schlaf hoch, sieht auf den Wecker, schaut erschrocken zum Kleiderschrank.
   Mo: Morgen! *(holt einen Pullover aus dem Kleiderschrank)* Tut mir leid …

Extra-Aufgabe
Ihr könnt auch versuchen, ein ganzes Jugendbuch in ein Theaterstück umzuschreiben.
Geht so vor:
- Einigt euch auf ein Buch und lest es gründlich.
- Überlegt, ob ihr Passagen weglassen oder durch einen Erzähler zusammenfassen lassen wollt.
- Notiert die einzelnen Schauplätze in der richtigen Reihenfolge.
- Teilt euch in Gruppen auf. Jede Gruppe übernimmt zum Beispiel ein Buchkapitel.
- Bearbeitet die einzelnen Buchkapitel.
- Probt euer Theaterstück für eine Schulaufführung.

Szenisches Spiel zu einem Romanauszug

Der folgende Textauszug ist dem Buch „Sex 2" von Sibylle Berg entnommen. Sibylle Berg entwirft in ihrem Roman, der sich aus einer Vielzahl von Episoden zusammensetzt, Bilder von Menschen, deren Hoffnungen häufig in Enttäuschungen umschlagen.

Biografisches

Sibylle Berg, geboren 1962 in Weimar, verließ die DDR 1984 und lebt heute in Zürich und Tel Aviv. Sie machte sich in den 90er-Jahren als Journalistin einen Namen, schrieb Reisereportagen und Kolumnen für das „ZEITmagazin", den „Spiegel", die Frauenzeitschrift „Allegra". Seit 1997 tritt sie auch als Erzählerin hervor. Bereits ihr erstes Buch, „Ein paar Leute suchen das Glück und lachen sich tot", wurde ein großer Publikumserfolg.

Aufgabe

1. Lies den Text aufmerksam durch und kläre schwierige Stellen oder unbekannte Wörter.

Träume

Da sitzen wieder welche. Ein kleines Stück Sand in Italien. Abend. Die Luft ist warm und riecht nach Salz und Pinien und nach dem Mond, der auch schon da ist. Ein junges Mädchen hat die Augen halb ge-
5 schlossen, ihre Arme um die Knie gelegt, Gänsehaut drauf, es ist kühl, der Abend kommt, die Nacht, die Sonne gleich weg, und ich möchte sie nie mehr auf-gehen sehen, denkt das Mädchen mit dem Blick aufs Meer. Es ist verliebt in einen Jungen. Den schönsten
10 der Welt, mit goldenen Haaren und Augen, die sil-bern leuchten. Der Junge liebt das Mädchen nicht, beachtet es nicht. Er sitzt ein paar Meter weiter, ent-fernt von ihr, mit einer anderen, hat den Arm um sie gelegt und schaut nicht rüber. Schaut das Meer an
15 und ist der schönste Junge der Welt. Das Mädchen sieht ihn an und wünscht sich nichts mehr, als unter seinem Arm zu stecken, und wird traurig, weil das nie wird. Der Junge hat sie doch nicht angesehen. Seit zwei Wochen. Denkt das Mädchen, der Junge
20 würde ihr das geben, was sie zum Leben braucht. Würde er nicht tun, würde niemand tun, das Mäd-chen aber ist jung und Verwechslungen verzeihlich. Zu lieben, nicht geliebt zu werden ist wie Tod und gerade stirbt das Mädchen zum ersten Mal. Weiß

noch nicht, dass sie bald schon wieder aufwachen 25 wird, auferstehen und immer wieder sterben, bis nach vielen Toden nichts Schönes mehr übrig ist. Das Mädchen sieht das Meer an, voller Tränen, und denkt sich, wie schön es wäre, im Meer zu liegen. Weiches Wasser um sich und an den Strand schwim- 30 men, bei Vollmond. Da wäre er, würde ihre leuch-tenden Schuppen schauen und sich verlieben. Aber sie wäre im Meer und er am Land und ein Zusam-menkommen gäbe es nicht. Sie würde ihn auch lie-ben, aber nicht so sehr, und sehen, wie er litte. Und 35 eines Nachts ihr folgte. Ins Wasser. Und sie ihn in die Tiefe zöge. Und er ihr wäre. Sie ihn endlich halten könnte. Und streicheln. Das denkt das Mädchen, schaut aufs Meer, das Meer schaut zurück, scheint zu blinzeln, und bei aller Trauer ist es dem Mädchen, als 40 würde etwas leichter in ihr. Weil es Wichtigeres gibt,

69

Fortsetzung auf Seite 70

als einen Jungen mit silbernen Augen, der sie nicht liebt. Was aber das sein soll, weiß das Mädchen nicht. Es schaut das Meer an und lächelt, zum ersten Mal 45 nach zwei Wochen. Der Junge sitzt und sieht das Meer an. Er hält ein Mädchen im Arm und welches ist egal. Am Ende des Meeres, so viel ist mal sicher, ist ein Land, in dem alles anders wäre. Er kein Versager mehr, kein Verlierer, der nichts will, nichts kann und 50 nichts ist, außer irgendetwas, das keinen Spaß macht. Der Junge denkt nicht an Mädchen, nicht an Liebe, er sieht das Meer an und es hat etwas, das ihn tröstet, obgleich er gar nicht wusste, dass er traurig war. Er würde mit einem Boot in dieses andere Land reisen. 55 Stünde vorne, auf dem Boot drauf, hätte die Augen durch die Hand geschützt und würde prägnante Anweisungen geben. Alle würden ihm gehorchen. Er wäre stark und nicht feige. Und würde nach Wochen strenger Befehle am Ufer des Landes festmachen. 60 Dort wäre er der König und alle fürchteten ihn. Er wüsste dann, wozu alles gut ist, und sein Leben wäre so spannend, wie er es sich gar nicht vorstellen kann. Das denkt der Junge, er hat ein Mädchen im Arm,

weil sich das so gehört, dessen Namen er nicht weiß und das er nicht liebt, auch nie lieben wird. Gerne 65 würde er mit jemandem reden, über das ferne Land. Aber keiner da. Das Mädchen schmiegt sich eng an den Jungen. Schon als sie ihn das erste Mal sah, wusste sie, dass er sie retten würde. Vor allem, was sie nicht verstand. Und nun sitzt sie hier, neben ihm. 70 Das Mädchen sieht das Meer an und ihr wird ganz ohne Körper. Schwebt sie also los, vor lauter Glück. Und denkt sich, wie sie mit dem Jungen zusammen über das Wasser führe. Er am Steuer eines Schiffes. Und sie ganz ohne Angst, weil er da wäre! Dann wür- 75 den sie in einem Land ankommen, das Wochen über dem Meer lag. Sie würden dort ein Haus bauen, im warmen Sand, und würden sich nur noch lieben. Weil doch das Gefühl so schön ist und in diesem Land nie aufhörte. Das Mädchen sieht den Jungen 80 an und sieht das Meer an und noch nie war ein Meer so schön durch einen Blick. Mit ihm, am Meer mit Liebe, möchte ich alt werden, denkt es sich.

Sibylle Berg

Aufgabe

2. Worum geht es in dieser Geschichte? Notiere deine ersten Gedanken.

_____

_____

_____

_____

_____

Fortsetzung auf Seite 71

Aufgaben

Standbilder bauen

3. Baut in mehreren kleinen Gruppen Standbilder zu Szenen oder Beziehungszusammenstellungen, die euch beim Lesen beeindruckt haben.

Tipps zum Standbild:
- Besprecht vor Spielbeginn folgende Fragen.
  - Welche Szene oder Beziehungskonstellation soll euer Standbild darstellen?
  - Welche Haltung, welche Mimik und Gestik vermitteln die Stimmung der Szene oder die Gefühle zwischen den dargestellten Figuren am besten?
  - Wie viele Personen sind für euer Standbild nötig?
- Wählt einen Spielleiter, der euch bei der Zeiteinteilung, bei der Durchführung des Standbildes (= Präsentationsphase) und bei der anschließenden Reflexion des Spiels unterstützt.
- Bestimmt einen „Hauptspieler", der die Haltung und den Gesichtsausdruck der anderen Spieler so formt, wie ihr es zuvor besprochen habt.

---

4. Stellt euer Standbild den Beobachtern (Zuschauern) vor.
   Geht dabei so vor:
   - Der Spielleiter stellt den Beobachtern Fragen, zum Beispiel:
     - Welche Szene oder welche Beziehungskonstellation stellt das Standbild dar?
     - Welche Stimmung vermittelt das Standbild?
     - Was hat die Standbild-Bauer an der Szene besonders beeindruckt? Interpretiert das Standbild.
   - Der Hauptspieler geht auf die Aussagen der Beobachter ein und beantwortet auch ihre Fragen.
   - Anschließend liest der Hauptspieler die zugrunde liegende Szene ausdrucksvoll vor und erläutert das Standbild aus der Sicht der darstellenden Gruppe.

5. Nach der Vorstellung aller Standbilder regt der Spielleiter zu einer Abschlussdiskussion zwischen den Spielern und Beobachtern an. Die Spieler können sich an dieser Stelle auch zu ihren Gefühlen während der Standbild-Vorführung äußern.

71

Fortsetzung auf Seite 72

Szenisches Spiel zu einem Romanauszug

Aufgaben

Vom Monolog zum Dialog

6. Sibylle Berg gibt Einblick in die Gedankenwelt von drei Menschen.
   Bildet Zweiergruppen und entscheidet euch für ein Personenpaar, zu dem ihr jeweils
   einen inneren Monolog verfasst. Beginnt zum Beispiel so:

So ein romantischer Abend!
Wie das Meer rauscht ...
Der Mond geht auf – nur für uns zwei!
Ach, ich wünschte, die Zeit würde einfach
stehen bleiben ...

Was wohl am Ende
des Meeres ist?

7. Baut ein Standbild zu eurem Personenpaar und erweckt das Standbild zum Leben.
   Tragt dazu eure Monologe aus Aufgabe 6 vor.
   Achtung: Denkt daran, die Gedanken und Gefühle eurer Personen ausdrucksvoll vorzutragen.

8. Vergleicht die Gedanken der beiden Personen miteinander. Wo erkennt ihr Unterschiede,
   wo findet ihr Gemeinsamkeiten in der Gedanken- und Gefühlswelt der beiden Personen?

_____

_____

_____

_____

_____

9. Überlegt euch, wie die beiden Personen ins Gespräch kommen könnten, und verfasst einen Dialog,
   in dem die beiden ihre Gedanken zum Ausdruck bringen. Orientiert euch dabei an den inneren
   Monologen aus Aufgabe 6 und bringt auch Unterschiede und mögliche Gemeinsamkeiten zwischen
   beiden zur Sprache.

Fortsetzung auf Seite 73

Aufgaben

Ein Rollenspiel durchführen

10. Bereitet das Rollenspiel vor.
    a) Überlegt, wie ihr den Dialog aus Aufgabe 9 am besten darstellen könnt.
       Folgende Fragen helfen euch dabei:
       – Welche Körperhaltung nehmen die Personen ein? Sitzen oder stehen sie?
         Sind sie einander zu- oder voneinander abgewandt?
       – Mit welcher Mimik und Gestik bringt ihr ihre Gefühle zum Ausdruck?
       – Könnt ihr eure Präsentation durch improvisierte Monologe und Gespräche beleben?
    b) Benennt einen Spielleiter, der für optimale Spielbedingungen sorgt
       (Theaterbühne, Zuschauerplätze, Licht).

11. Führt eure Rollenspiele vor der Klasse auf.

12. Besprecht die Rollenspiele. Der Spielleiter stellt den Schauspielern und den Zuschauern
    dafür verschiedene Fragen und Aufgaben.
    a) Zur Rollenreflexion zum Beispiel:
       – Welche Gefühle habt ihr in eurer Rolle empfunden?
       – Rechtfertigt euer Verhalten in dieser Szene.
       – Stellt euch einer Befragung durch andere Personen.
    b) Zur Beobachterreflexion zum Beispiel:
       – Beschreibt eure Wahrnehmungen von den Gefühlen und Gedanken der Figuren.
       – Wie stehen die Figuren eurer Ansicht nach zueinander?
       – Erklärt die Beziehungen der Figuren zueinander.
       – Kritisiert das Verhalten der Personen, indem ihr zeigt, wie sie sich in bestimmten Situationen
         eurer Ansicht nach hätten verhalten sollen.

13. In Sibylle Bergs Roman kommt noch eine weitere Person vor, die ihr ins Spiel einbeziehen könnt.
    a) Ergänzt in Partnerarbeit den folgenden Textanfang.

    *Ein alter Mann sitzt hundert Meter entfernt. Schaut das Meer an, die jungen Menschen an.
    Denkt …*

    b) Bringt den alten Mann mit den Figuren ins Gespräch.
       Tut euch dazu in Gruppen von höchstens vier Personen zusammen und geht so vor:
       – Teilt die Rollen untereinander auf: Wer spielt den alten Mann?
         Wer das entfernt sitzende Mädchen? Wer den Jungen? Wer das Mädchen im Arm des Jungen?
       – Lest noch mal den Romantext und den Text des alten Mannes und fühlt euch in die Figuren ein.
       – Improvisiert Dialoge und Monologe.
       – Entwickelt aus euren Improvisationen eine vollständige Szene.

14. Besprecht eure Erfahrungen während des Spiels.

„Großstadt-Triptychon" von Otto Dix

Biografisches

Otto Dix wird 1891 in Untermhaus bei Gera als Arbeitersohn geboren. Das Grauen des Krieges, das er als Schütze im Ersten Weltkrieg miterlebt, erschüttert sein bisheriges Weltbild. Seine Kriegserlebnisse verarbeitet Dix in seiner Kunst. Auch im „Großstadt-Triptychon" von 1928 ist noch erkennbar, wie nachhaltig der Krieg die Gesellschaft verändert hat. 1919 ist Dix einer der Mitbegründer der Künstlergruppe „Dresdner Sezession". Während des Nationalsozialismus gilt seine Kunst als „entartet". Otto Dix stirbt hochgeehrt 1969 in Singen.

Aufgaben

1. Organisiert euch Musik aus der Entstehungszeit des Bildes. Fragt zum Beispiel eure Musiklehrerin oder euren Musiklehrer nach Jazz- oder Charleston-Musik aus den Zwanzigerjahren.

2. Betrachtet den Mittelteil des „Großstadt-Triptychons" und hört dazu die passende Musik.
   a) Geht in das Bild hinein und schaut euch um. Was seht, hört, fühlt ihr?
      Sammelt eure Gedanken und Eindrücke in eurem Heft.

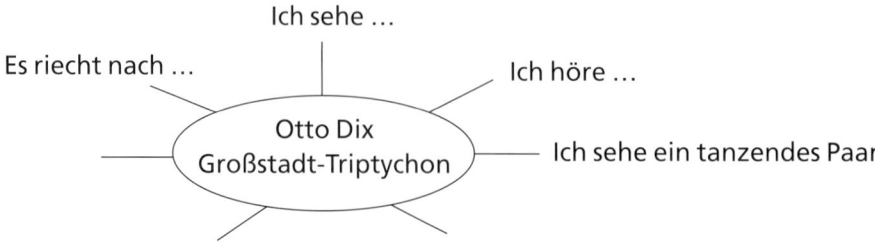

   b) Achtet nun vor allem auf die Kleidung und die Körperhaltungen der Personen.
      Stellt euch vor, ihr seid genauso gekleidet und probt entsprechende Geh-, Steh- und Sitzhaltungen.

   c) Wie verhalten sich die Personen untereinander? Wie stehen sie zueinander?
      Diskutiert über die Beziehungen zwischen den Personen.

Fortsetzung auf Seite 75

„Großstadt-Triptychon" von Otto Dix

Aufgaben

Standbilder bauen

3. Baut in Gruppen mit je fünf Schülerinnen und Schülern Standbilder zu Szenen oder Beziehungszusammenstellungen, die euch im Bild besonders beeindrucken.

> **Tipps zum Standbild:**
> - Besprecht vor Spielbeginn folgende Fragen.
>   - Welche Szene oder Beziehungskonstellation soll euer Standbild darstellen?
>   - Welche Haltung, welche Mimik und Gestik vermitteln die Stimmung der Szene oder die Gefühle zwischen den dargestellten Figuren am besten?
>   - Wie viele Personen sind für euer Standbild nötig?
>   - Wählt einen Spielleiter, der euch bei der Zeiteinteilung, bei der Durchführung des Standbildes (= Präsentationsphase) und bei der anschließenden Reflexion des Spiels unterstützt.
>   - Bestimmt einen „Hauptspieler", der die Haltung und den Gesichtsausdruck der anderen Spieler so formt, wie ihr es zuvor besprochen habt.

4. Stellt euer Standbild den Beobachtern (Zuschauern) vor.
   Geht dabei so vor:
   - Der Spielleiter stellt den Beobachtern Fragen, zum Beispiel:
     - Welchen Szene oder welche Beziehungskonstellation drückt das Standbild aus?
     - Welche Stimmung vermittelt das Standbild?
     - Was hat die Standbild-Bauer an der Szene besonders beeindruckt? Interpretiert das Standbild.
   - Der Hauptspieler geht auf die Aussagen der Beobachter ein und beantwortet auch ihre Fragen.
   - Anschließend deutet der Hauptspieler auf die zugrunde liegende Szene und erläutert das Standbild aus der Sicht der darstellenden Gruppe.

5. Nach der Vorstellung aller Standbilder regt der Spielleiter zu einer Abschlussdiskussion zwischen den Spielern und Beobachtern an. Die Spieler können sich an dieser Stelle auch zu ihren Gefühlen während der Standbild-Vorführung äußern.

6. Informiert euch in einem Geschichtsbuch oder im Internet über die Zwanzigerjahre des 20. Jahrhunderts. Lassen sich eure Eindrücke zum Bild mit den geschichtlichen Ereignissen in Zusammenhang bringen? Notiert ein kurzes Fazit.

          Fortsetzung auf Seite 76

Aufgaben

Gespräche erfinden und eine Szene schreiben und spielen

7. Betrachtet den Mittelteil des Bildes und sucht euch eine Figurengruppe heraus:

Musiker	Tanzende	Zuschauer

8. Schreibt nun eine Unterhaltung innerhalb eurer Figurengruppe.
   Tipp: Die Figuren könnten sich beispielsweise über folgende Dinge unterhalten:
   – über die Musik
   – über andere Leute im Ballsaal (zum Beispiel aufgetakelte Damen)
   – über persönliche Probleme
   – über das soziale Elend draußen auf der Straße (Kriegsversehrte, Bettler)

   Ein Gespräch aus der Figurengruppe der Tanzenden könnte so beginnen:

   Er: „*Mein Schatz, du siehst in deinem Kleid bezaubernd aus!*
   Du bist die schönste Frau in diesem Ballsaal."
   Sie: „*Danke schön. Die moderne Musik ist zum Tanzen einfach wundervoll, nicht wahr?*"
   Er: „*Ja, man kann das soziale Elend auf der Straße dabei sehr gut vergessen.*"
   Sie: „*Nun ja, man kann es zumindest versuchen. Aber …*"

   Ein Gespräch aus der Figurengruppe der Zuschauer könnte so beginnen:

   Zuschauerin 1: „*Ach, sehen Sie sich das Kleid von Mathilde an!*"
   Zuschauerin 2: „*Welch schlechter Geschmack! Diese Farbe steht ihr überhaupt nicht!*"
   Zuschauerin 1: „*Damit sieht sie fünf Jahre älter aus, nicht wahr?*
   Und wie sie zu dieser neumodischen Musik tanzt …!"

Fortsetzung von Seite 76 **„Großstadt-Triptychon" von Otto Dix**

Aufgaben

9. Vergleicht eure Gespräche aus Aufgabe 8.
   Wählt eine Unterhaltung aus und ergänzt sie durch kurze Regieanweisungen.
   Orientiert euch dabei immer am Gemälde von Otto Dix.

   Ein Gespräch aus der Figurengruppe der Musiker könnte mit folgenden Regieanweisungen
   versehen sein:

   Tanzpause. Der Saxophonist legt sein Instrument zur Seite, wischt sich über die Lippen
   und blickt nachdenklich zu den Ballgästen hinüber.
   Langsam wendet er sich dem Geigenspieler hinter ihm zu.
   Saxophonist *(flüsternd):* Schau dir die feine Gesellschaft an, Heinz!
   Geiger *(nimmt seine Geige von der Schulter, blickt fragend in die Ballrunde):* ...

10. Benennt einen Spielleiter. Er gibt die Zeit zum Proben vor, sorgt für optimale Spielbedingungen
    und gibt den Mitschülern folgende Anweisungen:
    • Übt möglichst leise eure Rollen ein, damit die anderen nicht gestört werden.
    • Verwandelt eine Ecke des Klassenzimmers in eine Theaterbühne.
    • Denkt an ein angenehmes Licht bei der Aufführung.
    • Gestaltet den Zuschauerbereich so, dass jeder gut sehen kann.

11. Verteilt nun die Rollen und spielt die Szene.

12. Im Anschluss an die Rollenspiele stellt der Spielleiter den Schauspielern und Zuschauern
    verschiedene Fragen und Aufgaben.
    a) Fragen und Aufgaben an die Schauspieler zur Rollenreflexion:
       • Was habt ihr in eurer Rolle empfunden?
       • Rechtfertigt euer Verhalten in der Szene (auch vor dem geschichtlichen Hintergrund).
       • Stellt euch einer Befragung durch andere Personen.
    b) Aufgaben und Fragen zur Beobachterreflexion:
       • Beschreibt eure Wahrnehmung der Figuren.
         Welche Gedanken, Gefühle, Haltungen wurden deutlich?
       • Besprecht, wie die Figuren zueinander stehen.
       • Kritisiert das Verhalten der Personen, indem ihr aufzeigt, wie sie sich eurer Ansicht nach
         in bestimmten Situationen hätten verhalten sollen.

Glossar

Beobachterreflexion: Die Zuschauer überdenken das Gesehene, deuten es und stellen Fragen an die Schauspieler.

Gestik: Mit Gestik bezeichnet man Körperhaltungen und Bewegungen.

Improvisation: Improvisieren bedeutet, ohne Vorbereitung spontan zu spielen.

Mimik: Mit Mimik bezeichnet man den Gesichtsausdruck.

Pantomime: Die Pantomime ist eine besondere Form des Theaterspiels, bei der auf Sprache ganz verzichtet wird. Die Schauspieler müssen sich also ganz auf Mimik und Gestik beschränken.

Präsentationsphase: Die Präsentationsphase ist die Phase der Aufführung, sie liegt zwischen der Probenphase und der Reflexionsphase.

Regieanweisungen: Regieanweisungen sind Anweisung des Autors oder des Regisseurs, wie eine bestimmte Szene zu spielen ist.

Requisit: Ein Requisit ist ein Gegenstand, der auf der Bühne zum Einsatz kommt.

Rolle: Unter Rolle versteht man die Figur, die ein Schauspieler auf der Bühne verkörpert.

Rollenbiografie: Eine Rollenbiografie enthält die biografischen Angaben über eine Figur, die sich dem zugrunde liegenden Text entnehmen lassen. Es ist auch möglich, Rollenbiografien selbstständig zu ergänzen. Die neu erfundenen Angaben müssen aber zu den anderen Angaben passen.

Rollenreflexion: Während der Reflexionsphase wird das Gespielte (Schauspieler) und Gesehene (Zuschauer) besprochen und aufgearbeitet. Die Schauspieler überdenken ihre Rollen und stellen sich den Fragen der Zuschauer. Die Zuschauer überdenken und deuten, was sie gesehen haben, stellen Fragen an die Schauspieler und bewerten das Gesehene.

Spielleiter: Der Spielleiter ist für die Organisation und den reibungslosen Ablauf eines Spiels zuständig, so achtet er zum Beispiel darauf, wie lange die Proben dauern, dass eine Aufführung pünktlich stattfindet, dass die Zuschauer einen guten Platz finden usw.

Standbild: Mit einem Standbild kann man eine bestimmte Szene, aber auch einen ganzen Text in einer einzigen „eingefrorenen" Körperhaltung darstellen. Dabei kommt es darauf an, die Stimmung der Szene oder die Gefühle einer Figur möglichst nachvollziehbar wiederzugeben. Standbilder können aus einem oder mehreren Spielern bestehen. Es ist auch möglich, ein Standbild zum Leben zu erwecken. Dann spricht das Standbild einen Satz, der genau zu seiner Situation passt.

Szene: Eine Szene ist eine kurze Spielhandlung oder der Abschnitt eines Theaterstücks.

Szenisches Interpretieren: Unter szenischem Interpretieren versteht man die interpretierende Auseinandersetzung mit einem Text. Der Text wird durch das Spiel erschlossen und gedeutet.

Szenisches Spielen: Unter szenischem Spielen versteht man alle Arten spielerischer Darstellung unter Einsatz von Mimik, Gestik und Sprache.

Lösungen

Seite 15   Das sprechende Gesicht
zu 1:
So könnte deine Lösung lauten:
1. **Bild:** mürrisch   2. **Bild:** ironisch, scherzend
3. **Bild:** traurig   4. **Bild:** fröhlich
5. **Bild:** verdutzt, entgeistert

Seiten 17 bis 19   Mimik und Gestik untersuchen
zu 1:
So könnte deine Lösung lauten:
Erstes Bild: froh, lachend, triumphierend
Zweites Bild: ängstlich, nachdenkend

zu 2:
So könnte deine Lösung lauten:
Erstes Bild: „Ich hab's geschafft! Endlich geschafft!"
Zweites Bild: „Was ist das denn? Ich glaube,
ich verschwinde hier!"

zu 3:
So könnte deine Lösung lauten:
Erstes Bild: Das Mädchen reckt die Arme zum Zeichen
seiner Freude in die Luft.
Zweites Bild: Das Mädchen drückt sich ängstlich an eine
Wand, die eine Hand offen, die andere am Kinn in einer
Geste des Nachdenkens.

Seiten 20 und 21   Großes Theater
zu 1:
So könnte deine Lösung lauten:
Erstes Bild: leidend, wahnsinnig
Zweites Bild links: erstaunt, ungläubig, aufbrausend
Zweites Bild rechts: ernst, überzeugend
Drittes Bild links: mitleidend, traurig, tröstend
Drittes Bild rechts: ruhig

zu 2:
So könnte deine Lösung lauten:
Zweites Bild links: Der Schauspieler wirkt angespannt,
sein Körper bewegt sich auf sein Gegenüber zu und seine
Fäuste sind geballt.
Zweites Bild rechts: Der Schauspieler wirkt ernst, so, als
erläutere er seinem Gegenüber mit erhobenem Zeige-
finger etwas Wichtiges.
Drittes Bild links: Der ältere, sitzende Schauspieler legt
seine Hand tröstend auf den Kopf des jüngeren Schau-
spielers.
Drittes Bild rechts: Der jüngere Schauspieler kniet zu
Füßen des älteren Schauspielers und hat seinen Kopf auf
dessen Knie gelegt.

zu 3:
So könnte deine Lösung lauten:
Erstes Bild: Der männliche Schauspieler trägt eine blut-
verschmierte, offenbar tote Frau im Hochzeitskleid auf
seinem Arm. Aus seiner Erschütterung kann man schließen, dass er der Bräutigam der Frau war.
Zweites Bild: Der rechte Schauspieler setzt dem linken
Schauspieler etwas auseinander. Dabei sind sich die beiden uneins, wie man sowohl aus der nachdrücklichen

Geste des rechten Schauspielers als auch aus der aufge-
brachten Reaktion des linken Schauspielers schließen
kann.
Drittes Bild: Der ältere Schauspieler tröstet den jüngeren,
wirkt dabei aber gleichzeitig steif und distanziert. Der
jüngere scheint Trost zu suchen, bleibt dabei aber gleichzeitig kühl und abgewandt. Es könnte sich um eine ge-
spannte Vater-Sohn-Beziehung handeln.

**Seiten 32 und 33   Die Theaterbühne – Wo wird
gespielt?**
zu 6:
Erste Bühnenanweisung: Gerhart Hauptmann:
Der Biberpelz
Zweite Bühnenanweisung: Thornton Wilder:
Unsere kleine Stadt
Dritte Bühnenanweisung: Ödön von Horváth:
Der jüngste Tag
Vierte Bühnenanweisung: Friedrich Schiller: Wallen-
steins Lager
Fünfte Bühnenanweisung: Oscar Wilde: Ein idealer
Gatte

Seite 44   Ein Dialog – zwei Inhalte
zu 2:
So könnte deine Lösung lauten:
Die Dialoge unterscheiden sich in dem, was Lara und ihr
Vater mit dem Gesagten meinen. Für den Leser des Dia-
logs wird der Unterschied aus den Regieanweisungen
ersichtlich, ein Zuhörer würde den Unterschied an der
Betonung der Wörter merken.

Seiten 48 bis 52   Ein Theaterstück proben und spielen
zu 1: Die Figuren wollen keine bösen Figuren mehr sein.

zu 2: *So könnte deine Lösung lauten:*
Die Kinder finden böse Märchenfiguren viel
spannender als gute. Und da die Kinder außerdem sagen,
dass sie böse Märchenfiguren lieben, beschließen die
Märchenfiguren, wieder böse zu sein.

**Seiten 53 und 54   Der alte Narr – ein Gedicht zeich-
nen und spielen**
zu 1:
So könnte deine Lösung lauten:
Der Meister will es dem Publikum und vielleicht auch
sich selbst noch einmal beweisen, dass er sehr wohl noch
dazu in der Lage ist, das Seil zu besteigen.

zu 2: *So könnte deine Lösung lauten:*
Das Publikum spielt keine gute Rolle. Erst verspottet es
den alten Seiltänzer, weil er sich nicht mehr auf das Seil
traut, dann – nach dem Unfall – verspottet es ihn als alten Narren, weil er sich doch auf das Seil getraut hat.
zu 3:
So könnte deine Lösung lauten:
Als „alten Narr" kann man den Seiltänzer bezeichnen,
weil er sich von seinem Publikum dazu anstacheln lässt,
noch einmal aufs Seil zu steigen, und dabei seine Fähigkeiten überschätzt.

Quellen

Textquellen

S. 27: Franz Kafka, Die Heimkehr. Aus: Franz Kafka, Sämtliche Erzählungen. S. Fischer Verlag, Frankfurt am Main 1987, S. 320.

S. 32: Gerhart Hauptmann, Der Biberpelz. Ullstein Verlag, Berlin 1988.

S. 32: Thornton Wilder, Unsere kleine Stadt. 25. Auflage, S. Fischer Verlag, Frankfurt am Main 1999, S. 7.

S. 32: Ödön von Horváth, Der jüngste Tag. Suhrkamp Verlag 1988, S. 11.

S. 33: Friedrich Schiller, Wallensteins Lager. Carl Hanser Verlag, München.

S. 33: Oscar Wilde, Ein idealer Gatte. Insel Verlag. Frankfurt am Main 1982, S. 155.

S. 34: Franz Fühmann, Am Schneesee. Aus: Franz Fühmann, Die dampfenden Hälse der Pferde im Turm zu Babel. Hinstorff Verlag GmbH, Rostock.

S. 40: Matthias Claudius, Kriegslied. Aus: Conrady, Das Buch der Gedichte. Cornelsen Verlag, Berlin 1987.

S. 40: Christian Morgenstern, Das Huhn. Aus: Echtermeyer, Deutsche Gedichte. Cornelsen Verlag, Berlin 2006, S. 446.

S. 42: Johann Wolfgang von Goethe, Erlkönig. Aus: Echtermeyer, Deutsche Gedichte. Cornelsen Verlag, Berlin 2006, S. 180.

S. 53: Wilhelm Busch, Der alte Narr. Aus: Wilhelm Busch, Sämtliche Gedichte. Verlag Braun & Schneider, München 1943.

S. 60: Eduard Mörike, Er ist's. Aus: Echtermeyer, Deutsche Gedichte. Cornelsen Verlag, Berlin 2006, S. 352.

S. 62: Kurt Tucholsky, Augen in der Groß-Stadt. Aus: Echtermeyer, Deutsche Gedichte. Cornelsen Verlag, Berlin 2006, S. 556f.

S. 63: Jakob und Wilhelm Grimm, Der alte Großvater und der Enkel. Aus: Brüder Grimm. Kinder- und Hausmärchen. Reclam Verlag, Ditzingen 2001.

S. 68: Cornelia Funke: Es dämmerte gerade erst ... Aus: Cornelia Funke, Tintenherz. Cecilie Dressler Verlag, Hamburg 2006, S. 21.

S. 69f.: Sibylle Berg: Mädchenträume – Jungenträume. Aus: Sibylle Berg , Sex 2. Reclam Leipzig, Leipzig 2002, S. 99ff.

Bildquellen

Umschlagillustrationen: Bianca Schaalburg, Berlin
Umschlagfotos: Thomas Schulz, Teupitz

S. 6, 9, 17, 18: Thomas Schulz, Teupitz
S. 20 oben: picture-alliance/ZB, Frankfurt am Main
S. 20 Mitte und unten: picture-alliance/dpa, Frankfurt am Main
S. 74: Artothek Weilheim, © VG Bild-Kunst Bonn, 2007